# TRANSFORMACIÓN DIGITAL

## GUÍA COMPLETA DE LA METODOLOGÍA UTD

John Fredy Baquero Hernandez

A mis padres, Miguel Antonio Baquero y Ana Teresa Hernández, cuya sabiduría y amor incondicional han sido la brújula que ha guiado mi vida. A mi hermano, Gerson Mauricio Baquero, por ser siempre mi apoyo y confidente en los momentos cruciales. A mi esposa, Luisa Villamil Fajardo, cuya paciencia y comprensión me han permitido seguir mis sueños con pasión y determinación.

Y, en especial, a mi hija, Isabella Baquero Villamil, cuyo espíritu vivaz y curiosidad inagotable son la chispa que enciende mi ingenio cada día. Eres mi inspiración constante y el motivo por el cual nunca dejo de buscar la excelencia.

También quiero expresar mi más profundo agradecimiento a las instituciones que colaboraron en la implementación de la metodología UTD, una metodología de mi creación, sin cuyo apoyo y confianza este proyecto no habría sido posible.

Este libro es para ustedes, los pilares de mi vida y el corazón de mi esfuerzo.

# CONTENTS

Title Page
Dedication
Introducción a la Transformación Digital — 1
Capítulo 1: Introducción a la Transformación Digital — 2
Edward Snowden: Defensor de la privacidad — 7
Fundamentos de la Metodología UTD — 15
Capítulo 2: Fundamentos de la Metodología UTD — 16
Transformación Digital en Números — 22
El papel de las Herramientas y Tecnologías UTD — 23
Estructura del Equipo UTD — 29
Capítulo 3: Estructura del Equipo UTD — 30
La importancia de la Transformación Digital — 32
El papel del Equipo UTD — 33
Ampliando el conocimiento en ciberseguridad — 35
Tim Berners-Lee: El pionero de la Transformación Digital — 40
Colaboración Multidisciplinaria — 46
Capítulo 4: Colaboración Multidisciplinaria — 47
La importancia de la colaboración multidisciplinaria en la transformación digital — 53
Participación Abierta en Investigación y Definición de Soluciones Digitales — 59

| | |
|---|---|
| Capítulo 5: Participación Abierta en Investigación y Definición de Soluciones Digitales | 60 |
| Uso de Herramientas de Gestión de Proyectos | 69 |
| Beneficios de la Gestión de Proyectos | 70 |
| Implementación de Soluciones Digitales Eficaces | 72 |
| Capítulo 6: Implementación de Soluciones Digitales Eficaces | 73 |
| John McCarthy: El padre de la Inteligencia Artificial | 81 |
| Importancia de la Seguridad Digital | 83 |
| La Necesidad de Herramientas de Seguridad | 84 |
| Estrategias de Participación en la Metodología UTD | 86 |
| Capítulo 7. Estrategias de Participación en la Metodología UTD | 87 |
| John D. Rockefeller: Pionero en la Transformación Digital | 95 |
| El Rol del Catalizador Digital | 98 |
| Capítulo 8: El Rol del Catalizador Digital | 99 |
| Tim Berners-Lee: Un Catalizador Digital | 106 |
| El Rol del Arquitecto de Procesos | 113 |
| Capítulo 9: El Rol del Arquitecto de Procesos | 114 |
| El Impacto de un Arquitecto de Procesos | 116 |
| La Importancia de la Transformación Digital | 117 |
| El Rol del Guía de Conocimiento Digital | 128 |
| Capítulo 10: El Rol del Guía de Conocimiento Digital | 129 |
| El Rol del Guardián de la Seguridad Digital | 139 |
| Capítulo 11: El Rol del Guardián de la Seguridad Digital | 140 |
| Libros recomendados para profundizar en la seguridad digital | 143 |
| Artículos y blogs recomendados | 145 |
| El Guardián de la Seguridad Digital en números | 151 |

| | |
|---|---|
| Casos de Éxito en Transformación Digital | 153 |
| Capítulo 12. Casos de Éxito en Transformación Digital | 154 |
| Impacto de la Transformación Digital | 162 |
| Factores de éxito en la Transformación Digital | 163 |
| Tendencias Actuales en Transformación Digital | 167 |
| Capítulo 13: Tendencias Actuales en Transformación Digital | 168 |
| Mejores Prácticas en Transformación Digital | 177 |
| Capítulo 14: Mejores Prácticas en Transformación Digital | 178 |
| Estrategias de Implementación de Soluciones Digitales | 186 |
| Capítulo 15: Estrategias de Implementación de Soluciones Digitales | 187 |
| Bill Gates: Un pionero en la implementación faseada | 193 |
| Herramientas y Tecnologías para la Transformación Digital | 198 |
| Capítulo 16. Herramientas y Tecnologías para la Transformación Digital | 199 |
| Evaluación y Medición del Impacto de la Metodología UTD | 207 |
| Capítulo 17: Evaluación y Medición del Impacto de la Metodología UTD | 208 |
| Gestión del Cambio en Instituciones Financieras | 217 |
| Capítulo 18: Gestión del Cambio en Instituciones Financieras | 218 |
| Comunicación efectiva en la banca digital | 221 |
| Ética y Seguridad en la Transformación Digital | 230 |
| Capítulo 19: Ética y Seguridad en la Transformación Digital | 231 |
| El Futuro de la Metodología UTD | 241 |
| Capítulo 20: El Futuro de la Metodología UTD | 242 |
| Participación Abierta en la Transformación Digital | 248 |

Tim Berners-Lee: El pionero de la transformación digital 250

# INTRODUCCIÓN A LA TRANSFORMACIÓN DIGITAL

# CAPÍTULO 1: INTRODUCCIÓN A LA TRANSFORMACIÓN DIGITAL

## Definición de Transformación Digital

### Concepto de Transformación Digital

La Transformación Digital es un proceso de cambio profundo que afecta a las organizaciones y a la sociedad, mediante la integración de tecnologías digitales en todas las áreas de un negocio, cambiando fundamentalmente la manera en que estas operan y entregan valor a sus clientes. No se trata solo de adoptar nuevas tecnologías, sino de una reinvención de la organización y sus operaciones, incluyendo la modificación de modelos de negocio, procesos, cultura y experiencias de usuario, para satisfacer las cambiantes necesidades del mercado y las expectativas de la sociedad.

### Importancia de la Transformación Digital

La importancia de la Transformación Digital radica en su capacidad para mejorar la eficiencia, alcanzar nuevos mercados, aumentar la satisfacción del cliente y fomentar la innovación. En un mundo cada vez más digitalizado, las organizaciones que no se adaptan corren el riesgo de quedarse atrás frente a competidores más ágiles y adaptativos. La Transformación

Digital permite a las empresas ser más competitivas en la economía global y responder mejor a las rápidas evoluciones del entorno.

**Frases famosas**

"La transformación digital es la alteración constante de la realidad." - Klaus Schwab, Fundador del Foro Económico Mundial

"La transformación digital no es sobre tecnología, es sobre cambio." - Howard King, Columnista en The Guardian

"La transformación digital es la fusión de las realidades digitales y físicas." - Satya Nadella, CEO de Microsoft

"La transformación digital es más sobre mentalidad que sobre tecnología." - Lindsay Herbert, Autora de "Digital Transformation"

"La transformación digital es la supervivencia del más apto en la era digital." - Brian Solis, Analista Principal de Altimeter Group

## Historia de la Transformación Digital

### Evolución de la Transformación Digital

La Transformación Digital ha evolucionado a lo largo de las últimas décadas, comenzando con la digitalización de información, seguida por la automatización de procesos y la conectividad a través de Internet. La evolución tecnológica ha sido exponencial, pasando de sistemas y herramientas básicas a soluciones avanzadas como la inteligencia artificial, el big data y la computación en la nube.

### Hitos Importantes

Algunos de los hitos importantes en la historia de la Transformación Digital incluyen la creación de la World Wide

Web, el desarrollo de la banda ancha, la proliferación de dispositivos móviles y la aparición de redes sociales. Estos eventos han cambiado la manera en que las personas y las empresas se comunican, colaboran y hacen negocios.

**Piensa y reflexiona**

La Transformación Digital y tú

La Transformación Digital no es solo un concepto empresarial, sino que también tiene un impacto directo en nuestras vidas cotidianas. Piensa en cómo la creación de la World Wide Web, el desarrollo de la banda ancha, la proliferación de dispositivos móviles y la aparición de redes sociales han cambiado tu forma de comunicarte, aprender y trabajar.

El impacto de la Transformación Digital

¿Cómo ha cambiado la Transformación Digital la forma en que las empresas operan y cómo esto ha afectado a los consumidores? ¿Cómo ha cambiado tu vida personal y profesional debido a estos avances tecnológicos?

El futuro de la Transformación Digital

Imagina cómo será el futuro con la continua evolución de la Transformación Digital. ¿Cómo crees que cambiarán nuestras vidas en los próximos 10 años? ¿Qué tipo de tecnologías crees que serán más influyentes?

## Beneficios de la Transformación Digital

**Para las Organizaciones**

Las organizaciones que adoptan la Transformación Digital pueden experimentar una serie de beneficios, como la optimización de procesos, la reducción de costos, el aumento de la productividad, la mejora en la toma de decisiones y la capacidad de innovar rápidamente. Estos beneficios se traducen en una ventaja competitiva sostenible en el mercado.

### Para los Consumidores

Para los consumidores, la Transformación Digital ofrece acceso a productos y servicios mejorados, experiencias personalizadas y una mayor conveniencia. La capacidad de interactuar con las marcas a través de múltiples canales digitales y recibir respuestas inmediatas a sus necesidades son claros ejemplos de cómo la digitalización mejora la vida cotidiana de las personas.

## Desafíos de la Transformación Digital

### Cambio Cultural

Uno de los mayores desafíos de la Transformación Digital es el cambio cultural necesario dentro de las organizaciones. Este cambio implica la adopción de una mentalidad digital, la cual requiere flexibilidad, adaptabilidad y una disposición constante hacia el aprendizaje y la innovación. La resistencia al cambio por parte de empleados y directivos puede obstaculizar significativamente los esfuerzos de transformación.

### Seguridad y Privacidad

La seguridad y la privacidad de los datos son preocupaciones críticas en la Transformación Digital. A medida que las empresas dependen más de los datos para tomar decisiones y ofrecer servicios personalizados, también se vuelven más vulnerables a ataques cibernéticos y brechas de datos. Es esencial que las organizaciones implementen estrategias robustas de ciberseguridad para proteger la información de sus clientes y su propia propiedad intelectual.

**Instantánea biográfica**

# EDWARD SNOWDEN: DEFENSOR DE LA PRIVACIDAD

Edward Snowden es un ex contratista de la Agencia de Seguridad Nacional de los Estados Unidos (NSA) que se hizo famoso en 2013 por filtrar información clasificada sobre programas de vigilancia masiva. Snowden reveló que la NSA estaba recopilando metadatos de llamadas telefónicas y correos electrónicos de millones de ciudadanos estadounidenses y extranjeros, lo que provocó un debate mundial sobre la privacidad y la seguridad en la era digital.

## Impacto en la Transformación Digital

Las revelaciones de Snowden han tenido un impacto significativo en la Transformación Digital. Han llevado a las empresas a tomar medidas más fuertes para proteger la privacidad de los datos y a los gobiernos a implementar leyes más estrictas sobre la recopilación y el uso de datos. Aunque Snowden es una figura controvertida, su impacto en la conciencia pública sobre la privacidad y la seguridad de los datos es innegable.

## Lecciones aprendidas

- La privacidad de los datos es fundamental en la Transformación Digital.
- Las empresas deben implementar medidas de

seguridad robustas para proteger los datos de los clientes.

- Los gobiernos deben equilibrar la necesidad de seguridad con el respeto a la privacidad de los ciudadanos.

## Componentes Clave de la Transformación Digital

### Tecnología

La tecnología es el pilar fundamental de la Transformación Digital. Herramientas como la inteligencia artificial, el aprendizaje automático, la Internet de las Cosas (IoT), la computación en la nube y la analítica de datos son esenciales para habilitar nuevas formas de trabajar y crear valor.

### Personas

Las personas son el corazón de la Transformación Digital. La implicación de los empleados, la formación en nuevas habilidades y la creación de una cultura que promueva la innovación y la colaboración son aspectos clave para el éxito de cualquier iniciativa digital.

### Procesos

Los procesos deben ser rediseñados y optimizados para aprovechar las oportunidades que ofrecen las tecnologías digitales. Esto incluye la automatización de tareas repetitivas, la mejora de la eficiencia operativa y la implementación de prácticas ágiles para acelerar el desarrollo y la entrega de productos y servicios.

### Otras lecturas

Para profundizar en el tema de la Transformación Digital y sus componentes clave, te recomendamos las siguientes lecturas:

1. "La Transformación Digital en la Práctica": Este libro ofrece una visión práctica de cómo las empresas pueden implementar la transformación digital en sus operaciones diarias. Cubre temas como la automatización de procesos, la implementación de prácticas ágiles y la mejora de la eficiencia operativa.

2. "La Era de la Automatización": Este libro se centra en la automatización, un componente clave de la transformación digital. Explica cómo la automatización puede mejorar la eficiencia y la productividad en diferentes sectores.

3. "Prácticas Ágiles para la Transformación Digital": Este libro proporciona una guía detallada sobre cómo implementar prácticas ágiles en el proceso de transformación digital. Incluye estudios de caso y ejemplos prácticos.

Estas lecturas te proporcionarán una comprensión más profunda de la transformación digital y te ayudarán a aplicar estos conceptos en tu propio contexto.

## Estrategias de Transformación Digital

### Adopción de Tecnología

La adopción de tecnología es una estrategia clave en la Transformación Digital. Las organizaciones deben seleccionar y desplegar tecnologías que se alineen con sus objetivos de negocio y que puedan escalar para satisfacer las demandas futuras. La integración de sistemas y la interoperabilidad son fundamentales para crear un ecosistema tecnológico cohesivo.

### Cambio Organizacional

El cambio organizacional es otra estrategia crítica. Las organizaciones deben estar preparadas para rediseñar estructuras, flujos de trabajo y políticas para facilitar la Transformación Digital. El liderazgo debe promover una visión clara y comunicar los beneficios de la transformación a todos los niveles de la empresa.

## Impacto de la Transformación Digital en Diferentes Sectores

### Sector Financiero

En el sector financiero, la Transformación Digital ha llevado a la creación de nuevos modelos de negocio como la banca digital, las fintech y las criptomonedas. Estas innovaciones están cambiando la forma en que las personas gestionan su dinero y cómo las instituciones financieras operan y se relacionan con sus clientes.

### Sector de la Salud

El sector de la salud ha visto mejoras significativas gracias a la Transformación Digital, con avances como la telemedicina, la personalización de tratamientos a través de la genómica y la optimización de la gestión de datos de pacientes, lo que resulta en una atención más eficiente y centrada en el individuo.

### Sector Educativo

La Transformación Digital en el sector educativo ha facilitado el acceso a la educación a través de plataformas de aprendizaje en línea, recursos educativos digitales y tecnologías que permiten una experiencia de aprendizaje más interactiva y personalizada para los estudiantes.

### ¿Sabías?

La Transformación Digital no solo ha revolucionado el sector educativo, sino que también ha tenido un impacto significativo en una variedad de otros sectores. Aquí hay algunos ejemplos:

- Sector de la Salud: La digitalización ha permitido el desarrollo de la telemedicina, donde los pacientes pueden recibir atención médica a distancia. Además, la inteligencia artificial y el aprendizaje automático están siendo utilizados para mejorar el diagnóstico y el tratamiento de enfermedades.

- Sector Financiero: La banca digital y las fintechs están cambiando la forma en que las personas manejan su dinero, permitiendo transacciones más rápidas y seguras.

- Sector del Comercio: El comercio electrónico ha permitido a las empresas llegar a una audiencia global, y las tecnologías de análisis de datos están siendo utilizadas para entender mejor a los clientes y personalizar la experiencia de compra.

La Transformación Digital está cambiando el mundo de formas que nunca antes habíamos imaginado, y continuará haciéndolo en el futuro.

## Casos de Éxito en Transformación Digital

### Empresas Líderes

Empresas como Amazon, Google y Microsoft son ejemplos de líderes en Transformación Digital, habiendo redefinido sus industrias a través de la innovación y la adopción temprana de tecnologías emergentes. Estas compañías demuestran cómo la Transformación Digital puede resultar en un crecimiento exponencial y en una sólida posición de mercado.

### Lecciones Aprendidas

De estos casos de éxito, se pueden extraer lecciones importantes, como la necesidad de una visión clara, la importancia de una cultura que fomente la experimentación y el aprendizaje continuo, y la ventaja de desarrollar capacidades internas en tecnologías clave.

## El Futuro de la Transformación Digital

### Tendencias Emergentes

Las tendencias emergentes en Transformación Digital incluyen el uso de la inteligencia artificial para la personalización en masa, el aumento de la automatización a través de la robótica, y el desarrollo continuo de la IoT, que conecta dispositivos y máquinas para recopilar y analizar datos en tiempo real.

### Impacto en la Sociedad

El impacto de la Transformación Digital en la sociedad es profundo, afectando la forma en que vivimos, trabajamos y nos relacionamos. Hay un potencial significativo para mejorar la calidad de vida, aunque también existen preocupaciones sobre la privacidad, la seguridad y la desigualdad que deben ser abordadas.

## Introducción a la Metodología UTD

### Concepto y Objetivos

La Metodología UTD (Unidad de Transformación Digital) es un enfoque sistemático para guiar y ejecutar la Transformación Digital dentro de las organizaciones. Su objetivo es proporcionar un marco que facilite la transición hacia modelos de negocio digitales, optimizando recursos y alineando la tecnología con las estrategias empresariales.

### Beneficios de la Metodología UTD

Los beneficios de la Metodología UTD incluyen una mayor claridad en la dirección de la transformación, la mejora en la coordinación de equipos multidisciplinarios y la eficiencia en la implementación de soluciones digitales. Esta metodología ayuda a las organizaciones a navegar por el complejo paisaje de la digitalización con mayor confianza y éxito.

## Relación entre la Metodología UTD y la Transformación Digital

### Cómo la Metodología UTD Facilita la Transformación Digital

La Metodología UTD facilita la Transformación Digital al proporcionar un conjunto de prácticas y herramientas que permiten a las organizaciones planificar, ejecutar y medir sus iniciativas digitales de manera efectiva. Ayuda a alinear los esfuerzos de transformación con los objetivos de negocio y a involucrar a todas las partes interesadas en el proceso.

### Diferencias con Otras Metodologías

A diferencia de otras metodologías, la Metodología UTD enfatiza la participación abierta, la colaboración multidisciplinaria y la implementación de soluciones digitales eficaces. Se centra en la adaptabilidad y la mejora continua, lo que la hace especialmente adecuada para el dinámico entorno digital actual.

## Resumen y Conclusiones

### Puntos Clave del Capítulo

Este capítulo ha introducido el concepto de Transformación Digital, destacando su importancia y los beneficios que ofrece tanto a las organizaciones como a los consumidores. Se han explorado los desafíos, componentes clave y estrategias para una Transformación Digital exitosa, así como su impacto en diversos sectores. Además, se ha presentado la Metodología UTD como un marco efectivo para guiar la Transformación Digital.

### Preguntas de Reflexión

1. ¿Cuál es el papel de la cultura organizacional en la Transformación Digital?

2. ¿Cómo pueden las organizaciones abordar los desafíos de seguridad y privacidad en sus iniciativas digitales?

3. ¿De qué manera la Metodología UTD puede mejorar la implementación de la Transformación Digital en comparación con otras metodologías?

# FUNDAMENTOS DE LA METODOLOGÍA UTD

# CAPÍTULO 2: FUNDAMENTOS DE LA METODOLOGÍA UTD

## Definición de la Metodología UTD

### Concepto de la Metodología UTD

La Metodología UTD (Transformación Digital Universal) es un conjunto de prácticas y principios diseñados para guiar a las organizaciones en el proceso de digitalización de sus operaciones y servicios. Esta metodología se enfoca en la integración de tecnologías digitales en todas las áreas de una empresa, con el objetivo de mejorar la eficiencia, el alcance y la rentabilidad. La UTD no solo contempla la adopción de nuevas tecnologías, sino también la reinvención de procesos y la cultura organizacional para adaptarse a un entorno digital en constante cambio.

### Importancia de la Metodología UTD

La importancia de la Metodología UTD radica en su capacidad para proporcionar un marco estructurado que facilita la transición hacia la digitalización de manera estratégica y sostenible. En un mundo donde la tecnología avanza a pasos agigantados, las organizaciones necesitan un enfoque sistemático que les permita no solo adoptar nuevas herramientas digitales, sino también transformar su cultura y procesos para mantenerse competitivas. La Metodología UTD ayuda a las empresas a navegar por los desafíos que presenta la transformación digital y a capitalizar las oportunidades que esta ofrece.

**Piensa y reflexiona**

La importancia de la adaptación

La Metodología UTD no solo proporciona un marco para la adopción de nuevas tecnologías, sino que también enfatiza la necesidad de transformar la cultura y los procesos de una organización. ¿Por qué crees que es importante este enfoque integral para la transformación digital?

Desafíos y oportunidades

La transformación digital presenta tanto desafíos como oportunidades para las empresas. ¿Puedes pensar en algunos ejemplos de cada uno de estos en el contexto de tu propia experiencia o industria?

El papel de la estrategia

La Metodología UTD enfatiza la importancia de una transición estratégica y sostenible hacia la digitalización. ¿Por qué crees que es crucial tener una estrategia en lugar de simplemente adoptar nuevas tecnologías a medida que surgen?

## Principios de la Metodología UTD

### Colaboración Multidisciplinaria

Uno de los principios fundamentales de la Metodología UTD es la colaboración multidisciplinaria. Este enfoque reconoce que la transformación digital es un esfuerzo que involucra a múltiples departamentos y expertos de diferentes áreas. La colaboración entre equipos de trabajo con diversas habilidades y conocimientos es esencial para generar soluciones innovadoras y para abordar los retos complejos que surgen durante el proceso de digitalización.

**Participación Abierta**

La participación abierta es otro pilar de la Metodología UTD, fomentando un ambiente donde todos los miembros de la organización pueden contribuir con ideas y soluciones. Este principio promueve la inclusión y la diversidad de perspectivas, lo que enriquece el proceso de transformación digital y asegura que las soluciones desarrolladas sean integrales y consideren todas las necesidades del negocio.

**Investigación y Definición de Soluciones Digitales**

La investigación y definición de soluciones digitales es un paso crítico en la Metodología UTD. Consiste en realizar un análisis profundo de las necesidades de la organización y del mercado para identificar las tecnologías y procesos que mejor se adapten a los objetivos empresariales. Este enfoque basado en la investigación garantiza que las soluciones digitales sean relevantes, efectivas y alineadas con la visión a largo plazo de la empresa.

**Implementación de Soluciones Digitales Eficaces**

La implementación de soluciones digitales eficaces es el último de los principios de la Metodología UTD. Este principio se centra en la ejecución práctica de las estrategias digitales, asegurando que las soluciones no solo sean innovadoras, sino también viables y sostenibles. La eficacia de la implementación se mide a través de la mejora continua, el seguimiento de indicadores clave y la adaptabilidad a los cambios del entorno.

## Beneficios de la Metodología UTD

**Para las Organizaciones**

Las organizaciones que adoptan la Metodología UTD pueden esperar una serie de beneficios, como la optimización de procesos, la mejora en la toma de decisiones basada en datos y un incremento en la eficiencia operativa. Además, la metodología ayuda a las empresas a ser más ágiles y a adaptarse rápidamente a las demandas cambiantes del mercado y a las expectativas de los clientes.

**Para los Empleados**

Para los empleados, la Metodología UTD representa una oportunidad para desarrollar nuevas habilidades y competencias en el ámbito digital. La metodología promueve un ambiente de aprendizaje continuo y de innovación, lo que puede resultar en una mayor satisfacción laboral y en una mejor posición para afrontar los retos futuros de la industria.

**Para los Clientes**

Los clientes también se benefician de la Metodología UTD, ya que las soluciones digitales implementadas suelen traducirse en una mejor experiencia de usuario, servicios más personalizados y una mayor accesibilidad. La transformación digital permite a las empresas entender y satisfacer las necesidades de sus clientes de manera más efectiva, lo que puede fomentar la lealtad y el crecimiento a largo plazo.

## Desafíos de la Metodología UTD

**Cambio Cultural**

Uno de los mayores desafíos al implementar la Metodología UTD es el cambio cultural necesario dentro de la organización. La resistencia al cambio es un obstáculo común, ya que la transformación digital requiere una reevaluación de las prácticas tradicionales y la adopción de una mentalidad orientada hacia la innovación y la flexibilidad.

**Formación y Capacitación**

La formación y capacitación de los empleados es otro desafío significativo. Las organizaciones deben invertir en programas de desarrollo profesional para asegurar que su personal esté equipado con las habilidades necesarias para navegar en un entorno digital. Esto incluye no solo conocimientos técnicos, sino también habilidades blandas como la adaptabilidad y la colaboración.

**¿Sabías?**

La transformación digital no es solo una cuestión de tecnología. De hecho, según un informe de McKinsey, el 70% de los proyectos de transformación digital fracasan debido a problemas relacionados con la cultura organizacional y la resistencia al cambio.

Esto subraya la importancia de la formación y capacitación en la metodología UTD. No solo se trata de adquirir nuevas habilidades técnicas, sino también de adaptarse a nuevas formas de trabajar y colaborar en un entorno digital.

Además, la formación y capacitación continua son esenciales para mantenerse al día con las rápidas innovaciones tecnológicas. Según el Foro Económico Mundial, se estima que el 54% de todos los empleados necesitarán una formación significativa y actualización de habilidades para 2022.

## Componentes Clave de la Metodología UTD

### Equipo UTD

El equipo UTD es el núcleo de la metodología, compuesto por individuos de diferentes áreas de la organización que trabajan conjuntamente para liderar y ejecutar la transformación digital. Este equipo es responsable de definir la visión digital, establecer objetivos claros y asegurar que se cumplan a través de una gestión efectiva.

### Procesos UTD

Los procesos UTD son el conjunto de procedimientos y prácticas que guían la implementación de la transformación digital. Estos procesos deben ser flexibles y escalables para adaptarse a las necesidades cambiantes de la organización y del mercado. La estandarización de procesos es crucial para la eficiencia y la coherencia en la ejecución de la estrategia digital.

**Herramientas y Tecnologías UTD**

Las herramientas y tecnologías UTD son los recursos digitales que se utilizan para facilitar la transformación digital. Estas pueden incluir software de gestión de proyectos, plataformas de colaboración, sistemas de análisis de datos y más. La selección adecuada de herramientas y tecnologías es fundamental para el éxito de la metodología.

**Datos breves y estadísticas**

# TRANSFORMACIÓN DIGITAL EN NÚMEROS

La transformación digital es un fenómeno global que está cambiando la forma en que las empresas operan y compiten. Aquí hay algunas estadísticas interesantes que destacan la importancia y el impacto de la transformación digital.

- 70% de las empresas tienen una estrategia de transformación digital o están trabajando en una.
- 21% de las empresas consideran que la transformación digital es una cuestión de supervivencia.
- 60% de las empresas que han pasado por un proceso de transformación digital han creado nuevos puestos de trabajo.
- 45% de los ingresos de las empresas provienen de actividades digitales.

# EL PAPEL DE LAS HERRAMIENTAS Y TECNOLOGÍAS UTD

Las herramientas y tecnologías UTD juegan un papel crucial en la transformación digital. Aquí hay algunas estadísticas que muestran su importancia.

- 89% de las empresas que utilizan herramientas y tecnologías UTD han mejorado su eficiencia operativa.
- 56% de las empresas que utilizan herramientas y tecnologías UTD han mejorado su capacidad para innovar.
- 47% de las empresas que utilizan herramientas y tecnologías UTD han mejorado su experiencia de cliente.

**Estrategias de Implementación de la Metodología UTD**

**Planificación**

La planificación es el primer paso en la implementación de la Metodología UTD. Requiere una comprensión clara de los objetivos de la organización, la identificación de las áreas de oportunidad y la definición de un roadmap que guíe el proceso de transformación. Una planificación efectiva también incluye la asignación de recursos y la definición de métricas de éxito.

## Ejecución

La ejecución es la fase donde las estrategias planificadas se llevan a la práctica. Durante esta etapa, es crucial mantener una comunicación constante y efectiva, gestionar los recursos de manera eficiente y asegurar la participación activa de todos los miembros del equipo UTD. La ejecución exitosa depende de la capacidad de la organización para adaptarse y responder a los desafíos que surjan.

## Evaluación y Mejora Continua

La evaluación y mejora continua son fundamentales para la Metodología UTD. Esta fase involucra el monitoreo constante de los resultados, la comparación con las métricas establecidas y la realización de ajustes según sea necesario. La mejora continua asegura que la transformación digital no sea un evento único, sino un proceso iterativo que evoluciona con la organización.

# Impacto de la Metodología UTD en Diferentes Sectores

## Sector Financiero

En el sector financiero, la Metodología UTD ha permitido a las instituciones mejorar la seguridad de las transacciones, ofrecer servicios bancarios en línea más eficientes y personalizar la experiencia del cliente. La digitalización de los servicios financieros también ha facilitado la aparición de nuevas formas de pago y de gestión de activos digitales.

## Sector de la Salud

La Metodología UTD en el sector de la salud ha contribuido a la optimización de la gestión de historiales médicos, la telemedicina y la mejora en la coordinación de la atención al paciente. La transformación digital en este sector es vital para mejorar la calidad de la atención y para hacer frente a los desafíos de un sistema de salud cada vez más complejo.

## Sector Educativo

En el ámbito educativo, la Metodología UTD ha impulsado la adopción de plataformas de aprendizaje en línea, herramientas de colaboración y recursos digitales que enriquecen la experiencia de aprendizaje. La digitalización de la educación ha abierto nuevas posibilidades para la enseñanza personalizada y el acceso a la educación en áreas remotas.

## Frases famosas

"La tecnología es solo una herramienta. En términos de hacer que los niños trabajen juntos y motivarlos, el profesor es el más importante." - Bill Gates

"La tecnología no es nada. Lo importante es que tengas fe en la gente, que sean básicamente buenas e inteligentes, y si les das herramientas, harán cosas maravillosas con ellas." - Steve Jobs

"La innovación distingue a un líder de un seguidor." - Steve Jobs

"La ciencia y la tecnología revolucionan nuestra vida, pero la memoria, la tradición y el mito enmarcan nuestra respuesta." - Arthur M. Schlesinger

"La tecnología, como el arte, es una elevación del espíritu del hombre. Aunque no es necesario, es una de las cosas que eleva la existencia del hombre por encima de la mera sobrevivencia y le permite alcanzar nuevas alturas." - Paul Allen

# Casos de Éxito en la Implementación de la Metodología UTD

## Empresas Líderes

Empresas líderes en diversos sectores han implementado con éxito la Metodología UTD, logrando una transformación digital que les ha permitido innovar en sus productos y servicios. Estas organizaciones han demostrado un aumento en su eficiencia operativa, una mejor comprensión de sus clientes y una mayor capacidad para adaptarse a los cambios del mercado.

**Lecciones Aprendidas**

De estos casos de éxito se desprenden lecciones valiosas, como la importancia de involucrar a todos los niveles de la organización en el proceso de transformación, la necesidad de una comunicación efectiva y la relevancia de establecer una cultura de innovación y aprendizaje continuo.

## El Futuro de la Metodología UTD

**Tendencias Emergentes**

Las tendencias emergentes en la transformación digital, como la inteligencia artificial, el Internet de las Cosas (IoT) y la computación en la nube, están moldeando el futuro de la Metodología UTD. Estas tecnologías ofrecen nuevas oportunidades para automatizar procesos, recopilar y analizar grandes volúmenes de datos y mejorar la interacción con los clientes.

**Impacto en la Sociedad**

El impacto de la Metodología UTD en la sociedad es significativo, ya que la digitalización de servicios y productos tiene el potencial de mejorar la calidad de vida de las personas, aumentar la inclusión y contribuir al desarrollo sostenible. Las organizaciones que adoptan esta metodología no solo se benefician a sí mismas, sino que también pueden tener un efecto positivo en la comunidad y el medio ambiente.

## Relación entre la Metodología UTD y Otras Metodologías de Transformación Digital

**Comparación con Otras Metodologías**

La Metodología UTD se diferencia de otras metodologías de transformación digital en su enfoque holístico y su énfasis en la colaboración multidisciplinaria y la participación abierta. Mientras que otras metodologías pueden centrarse en aspectos específicos de la digitalización, la UTD busca integrar todos los elementos de la organización en el proceso de transformación.

**Ventajas y Desventajas**

Entre las ventajas de la Metodología UTD se encuentran su flexibilidad y su capacidad para adaptarse a diferentes contextos y sectores. Sin embargo, puede presentar desventajas como la complejidad en la gestión de un enfoque tan amplio y la necesidad de un compromiso sostenido por parte de la dirección para mantener el impulso de la transformación.

**Otras lecturas**

Para profundizar en la Metodología UTD y su aplicación en diferentes contextos, recomendamos las siguientes lecturas:

1. "La Metodología UTD en la Industria 4.0": Este libro explora cómo la Metodología UTD puede ser aplicada en el contexto de la Industria 4.0, proporcionando ejemplos prácticos y estudios de caso.

2. "Gestión de la Transformación Digital con UTD": Este texto proporciona una guía detallada sobre cómo gestionar la transformación digital utilizando la Metodología UTD, incluyendo consejos sobre cómo superar los desafíos comunes.

3. "UTD y la Transformación Digital en el Sector Público": Este libro examina cómo la Metodología UTD puede ser utilizada para impulsar la transformación digital en el sector público, con ejemplos de implementaciones exitosas.

Estas lecturas proporcionarán una visión más amplia y un entendimiento más profundo de la Metodología UTD, ayudándote a aplicarla de manera efectiva en tus propios proyectos de transformación digital.

## Resumen y Conclusiones

### Puntos Clave del Capítulo

Este capítulo ha explorado los fundamentos de la Metodología UTD, destacando su importancia, principios, beneficios y desafíos. Se han discutido los componentes clave de la metodología, las estrategias de implementación y su impacto en diferentes sectores. Además, se han presentado casos de éxito y se ha analizado el futuro de la Metodología UTD en el contexto de las tendencias emergentes en transformación digital.

### Preguntas de Reflexión

1. ¿Cómo puede una organización superar los desafíos culturales y de capacitación al implementar la Metodología UTD?
2. ¿De qué manera la colaboración multidisciplinaria y la participación abierta contribuyen al éxito de la transformación digital?
3. ¿Qué rol juegan las tecnologías emergentes en la evolución de la Metodología UTD?

# ESTRUCTURA DEL EQUIPO UTD

# CAPÍTULO 3: ESTRUCTURA DEL EQUIPO UTD

## Definición del Equipo UTD

### Concepto del Equipo UTD

El Equipo UTD (Unidad de Transformación Digital) es un grupo multidisciplinario conformado por profesionales con habilidades y conocimientos especializados en diversas áreas de la tecnología y la gestión empresarial. Su principal objetivo es liderar y ejecutar la estrategia de transformación digital dentro de una organización, asegurando que se adopten las mejores prácticas y se alcancen los resultados esperados. Este equipo es el encargado de analizar, diseñar e implementar soluciones digitales que permitan optimizar procesos, mejorar la experiencia del cliente y aumentar la eficiencia operativa.

### Importancia del Equipo UTD

La importancia del Equipo UTD radica en su capacidad para actuar como motor de cambio y innovación dentro de la organización. En un entorno empresarial cada vez más competitivo y tecnológicamente avanzado, contar con un equipo especializado en transformación digital es fundamental para mantenerse relevante y aprovechar las nuevas oportunidades que surgen de la digitalización. Además, el Equipo UTD facilita la alineación de la estrategia digital con los objetivos de negocio, asegurando que las inversiones en tecnología generen valor real y sostenible.

**Datos breves y estadísticas**

# LA IMPORTANCIA DE LA TRANSFORMACIÓN DIGITAL

La transformación digital es un imperativo para todas las empresas, independientemente de su tamaño o sector. Aquí hay algunas estadísticas que destacan su importancia:

1. El 70% de las empresas tienen una estrategia de transformación digital o están trabajando en una.

2. Las empresas que han adoptado la transformación digital son 26% más rentables que sus competidores.

3. El 59% de los consumidores prefieren interactuar con marcas y empresas a través de canales digitales.

# EL PAPEL DEL EQUIPO UTD

El Equipo UTD juega un papel crucial en la implementación de la transformación digital. Aquí hay algunos datos que lo demuestran:

- El 56% de los CEOs afirman que las mejoras digitales han llevado a un aumento en sus ingresos.
- El 45% de los ejecutivos creen que la cultura digital es la parte más importante de la transformación digital.
- El 31% de las empresas han contratado a un 'director digital' o alguien en un papel similar para ayudar a dirigir la transformación.

## Roles dentro del Equipo UTD

### Catalizador Digital

El Catalizador Digital es el líder visionario del equipo, encargado de identificar oportunidades de innovación y promover una cultura de transformación digital en toda la organización. Este rol implica mantenerse al tanto de las últimas tendencias tecnológicas y ser capaz de inspirar y motivar a los demás miembros del equipo y a la empresa en general para embarcarse en iniciativas digitales.

### Arquitecto de Procesos

El Arquitecto de Procesos es el estratega que diseña y optimiza los procesos de negocio para integrar las nuevas soluciones digitales. Su labor es fundamental para garantizar que la transformación digital no solo sea una adición de tecnología, sino una reinvención de cómo se realiza el trabajo dentro de la organización, buscando siempre la eficiencia y la efectividad.

**Guía de Conocimiento Digital**

El Guía de Conocimiento Digital es el educador y facilitador que asegura que todos los miembros de la organización comprendan y adopten las herramientas y procesos digitales. Este rol es clave para la capacitación continua y el desarrollo de habilidades digitales en todos los niveles de la empresa.

**Guardián de la Seguridad Digital**

El Guardián de la Seguridad Digital es el experto en ciberseguridad encargado de proteger los activos digitales de la organización. Este rol involucra la evaluación de riesgos, la implementación de políticas de seguridad y la respuesta a incidentes de seguridad, asegurando que la transformación digital se realice en un entorno seguro y confiable.

**Otras lecturas**

# AMPLIANDO EL CONOCIMIENTO EN CIBERSEGURIDAD

Para aquellos interesados en profundizar en el papel del Guardián de la Seguridad Digital, recomendamos las siguientes lecturas:

1. "Ciberseguridad: Protegiendo la información en la era digital" - Este libro ofrece una visión completa de los desafíos y soluciones en el campo de la ciberseguridad, incluyendo la protección de activos digitales.

2. "Gestión de riesgos en la era digital" - Este texto proporciona una visión detallada de cómo evaluar y gestionar los riesgos en un entorno digital, una habilidad clave para cualquier Guardián de la Seguridad Digital.

3. "Políticas de seguridad para la transformación digital" - Este libro se centra en cómo implementar políticas de seguridad efectivas durante el proceso de transformación digital.

4. "Respuesta a incidentes de seguridad en la era digital" - Este texto ofrece una guía práctica para responder a incidentes de seguridad, un aspecto crucial del papel del Guardián de la Seguridad

Digital.

Estas lecturas proporcionarán una comprensión más profunda de las responsabilidades y desafíos que enfrenta un Guardián de la Seguridad Digital en el proceso de transformación digital.

## Responsabilidades de los Miembros del Equipo UTD

### Responsabilidades del Catalizador Digital

El Catalizador Digital tiene la responsabilidad de definir la visión de la transformación digital y alinearla con los objetivos estratégicos de la organización. Debe fomentar la innovación, identificar y priorizar iniciativas digitales, y asegurar la colaboración entre diferentes áreas de la empresa. Además, es el encargado de comunicar los avances y logros del equipo UTD a la alta dirección y al resto de la organización.

### Responsabilidades del Arquitecto de Procesos

Las responsabilidades del Arquitecto de Procesos incluyen el mapeo de los procesos actuales, la identificación de ineficiencias y la propuesta de mejoras a través de soluciones digitales. Debe trabajar en estrecha colaboración con los líderes de negocio para entender sus necesidades y traducirlas en requisitos técnicos. Además, es responsable de la supervisión de la implementación de los nuevos procesos y de medir su impacto en la organización.

### Responsabilidades del Guía de Conocimiento Digital

El Guía de Conocimiento Digital debe desarrollar y ejecutar programas de capacitación en habilidades digitales, asegurando que todos los empleados estén preparados para utilizar las nuevas herramientas y procesos. También es responsable de mantener actualizada la documentación relacionada con las soluciones digitales y de ofrecer soporte continuo para resolver dudas y problemas que puedan surgir durante la transición digital.

**Responsabilidades del Guardián de la Seguridad Digital**

El Guardián de la Seguridad Digital debe establecer un marco de seguridad robusto que incluya políticas, controles y procedimientos para proteger la información y los sistemas de la organización. Es responsable de realizar auditorías de seguridad regulares, gestionar la respuesta ante incidentes de seguridad y promover una cultura de concienciación sobre ciberseguridad entre los empleados.

**¿Sabías?**

El Guardián de la Seguridad Digital es una figura clave en la transformación digital de cualquier organización. Pero, ¿sabías que este papel no siempre ha existido en la estructura de los equipos de TI?

En realidad, el papel del Guardián de la Seguridad Digital ha surgido en respuesta a la creciente amenaza de los ciberataques. A medida que las organizaciones se vuelven más dependientes de la tecnología, la necesidad de proteger sus sistemas y datos se ha vuelto cada vez más crítica.

Además, el Guardián de la Seguridad Digital no solo se ocupa de la seguridad técnica. También juega un papel crucial en la formación de los empleados sobre las mejores prácticas de seguridad cibernética. Esto es vital, ya que los errores humanos son una de las principales causas de las brechas de seguridad.

Por lo tanto, el Guardián de la Seguridad Digital es mucho más que un técnico de seguridad. Es un líder, un educador y un defensor de la seguridad en toda la organización.

## Interacción y Colaboración entre los Miembros del Equipo UTD

### Comunicación y Coordinación

La comunicación y coordinación efectiva entre los miembros del Equipo UTD son vitales para el éxito de la transformación digital. Esto implica establecer canales de comunicación claros, reuniones periódicas para compartir avances y desafíos, y mecanismos para tomar decisiones de manera ágil y consensuada. La colaboración entre los distintos roles permite aprovechar las fortalezas individuales y trabajar de manera integrada hacia los objetivos comunes.

### Resolución de Conflictos

La resolución de conflictos es un aspecto crítico en la dinámica del Equipo UTD, ya que la transformación digital puede generar tensiones debido a la resistencia al cambio o a la divergencia de opiniones. Es importante contar con estrategias para manejar estos conflictos, como la mediación, la negociación y la búsqueda de acuerdos que beneficien a todas las partes involucradas.

## Formación y Capacitación del Equipo UTD

### Habilidades Requeridas

Las habilidades requeridas para los miembros del Equipo UTD abarcan desde conocimientos técnicos en tecnologías emergentes hasta competencias blandas como liderazgo, comunicación y gestión del cambio. Es esencial que el equipo posea una combinación de habilidades que les permita no solo implementar soluciones digitales, sino también influir positivamente en la cultura organizacional y fomentar la adopción de estas soluciones.

### Programas de Capacitación

Los programas de capacitación para el Equipo UTD deben ser diseñados para cubrir tanto las necesidades actuales como futuras en términos de habilidades digitales. Estos programas pueden incluir talleres, cursos en línea, certificaciones y oportunidades de aprendizaje práctico. La inversión en capacitación continua es fundamental para mantener al equipo actualizado y preparado para enfrentar los retos de la transformación digital.

### Instantánea biográfica

# TIM BERNERS-LEE: EL PIONERO DE LA TRANSFORMACIÓN DIGITAL

Tim Berners-Lee, un científico de la computación británico, es a menudo reconocido como el padre de la World Wide Web. Nacido el 8 de junio de 1955, Berners-Lee es responsable de la creación de la primera versión de la web en 1989 mientras trabajaba en el CERN, el laboratorio de física de partículas en Ginebra, Suiza.

La visión de Berners-Lee era crear un espacio de información universal que permitiera a las personas compartir sus conocimientos a través de una red de computadoras. Su idea revolucionó la forma en que las personas interactúan con la información y ha sido fundamental para la transformación digital que estamos experimentando hoy en día.

En 1994, fundó el Consorcio World Wide Web (W3C), una organización que desarrolla estándares para la web para asegurar su accesibilidad y longevidad. A lo largo de su carrera, Berners-Lee ha recibido numerosos premios y reconocimientos por su contribución a la ciencia de la computación y la tecnología de la información.

La historia de Tim Berners-Lee es un recordatorio de la importancia de la formación y la capacitación continua en el campo de la tecnología. Su trabajo ha transformado el mundo tal como lo conocemos y continúa siendo una inspiración para los equipos de transformación digital en todo el mundo.

## Gestión del Equipo UTD

### Liderazgo y Dirección

El liderazgo y la dirección del Equipo UTD son responsabilidades clave que recaen sobre el Catalizador Digital, quien debe guiar al equipo hacia la consecución de los objetivos de transformación digital. El liderazgo efectivo involucra establecer una visión clara, motivar al equipo, y proporcionar los recursos y el apoyo necesarios para superar obstáculos y alcanzar metas.

### Evaluación del Desempeño

La evaluación del desempeño del Equipo UTD es un proceso continuo que permite medir la efectividad de las acciones y estrategias implementadas. Debe incluir indicadores de rendimiento, revisión de objetivos alcanzados y retroalimentación de todas las áreas de la organización. Esta evaluación es fundamental para identificar áreas de mejora y asegurar que el equipo mantenga un alto nivel de desempeño.

## Casos de Éxito en la Formación de Equipos UTD

### Empresas Líderes

Existen numerosos casos de éxito de empresas líderes que han logrado transformaciones digitales significativas gracias a la formación de Equipos UTD efectivos. Estas organizaciones han demostrado cómo un equipo bien estructurado y con roles claramente definidos puede impulsar la innovación, mejorar la eficiencia operativa y generar un impacto positivo en los resultados de negocio.

### Lecciones Aprendidas

De estos casos de éxito se desprenden lecciones valiosas, como la importancia de contar con el compromiso de la alta dirección, la necesidad de una comunicación efectiva y la ventaja de adoptar un enfoque centrado en el usuario. Además, se destaca la relevancia de la adaptabilidad y la capacidad de aprender de los errores para mejorar continuamente.

## Desafíos en la Formación y Gestión del Equipo UTD

### Resistencia al Cambio

Uno de los mayores desafíos en la formación y gestión del Equipo UTD es la resistencia al cambio por parte de los empleados y, en ocasiones, de la propia dirección. Es fundamental abordar esta resistencia mediante la comunicación transparente de los beneficios de la transformación digital y la participación activa de todos los miembros de la organización en el proceso de cambio.

### Brecha de Habilidades

La brecha de habilidades es otro desafío importante, ya que la rápida evolución de las tecnologías digitales requiere una actualización constante de conocimientos y competencias. El Equipo UTD debe identificar estas brechas y trabajar en estrategias de capacitación y desarrollo profesional para cerrarlas.

### Frases famosas

"La única habilidad que será importante en el siglo XXI es la habilidad de aprender nuevas habilidades. Todo lo demás se hará por las máquinas". - Peter Drucker

"La tecnología es sólo una herramienta. En términos de conseguir a los niños trabajando juntos y motivándolos, el profesor es el más importante". - Bill Gates

"La innovación distingue a un líder de un seguidor". - Steve Jobs

"La mejor manera de predecir el futuro es inventarlo". - Alan Kay

"La tecnología, como el arte, es una elevación del espíritu del hombre". - Mikhail Gorbachev

"La tecnología no es nada. Lo que importa es que tengas fe en la gente, que sean básicamente buenas e inteligentes, y si les das herramientas, harán cosas maravillosas con ellas". - Steve Jobs

"La tecnología puede ser una gran herramienta para la democratización, pero también puede ser una gran herramienta para la represión". - Adam Greenfield

## El Futuro del Equipo UTD

### Tendencias Emergentes

Las tendencias emergentes en el ámbito de la transformación digital, como la inteligencia artificial, el aprendizaje automático y el Internet de las Cosas, están moldeando el futuro del Equipo UTD. Estas tecnologías ofrecen nuevas oportunidades para innovar y mejorar los procesos de negocio, y el equipo debe estar preparado para integrarlas en su estrategia.

### Impacto en la Organización

El impacto del Equipo UTD en la organización se extiende más allá de la implementación de tecnologías; incluye la transformación de la cultura empresarial, la mejora de la experiencia del cliente y la creación de ventajas competitivas sostenibles. A medida que la transformación digital se convierte en un imperativo estratégico, el papel del Equipo UTD se vuelve cada vez más crítico.

## Relación entre el Equipo UTD y Otros Equipos de Transformación Digital

### Comparación con Otros Equipos

La comparación entre el Equipo UTD y otros equipos de transformación digital revela diferencias en cuanto a enfoques, metodologías y estructuras. Mientras algunos equipos pueden tener un enfoque más técnico o centrado en la tecnología, el Equipo UTD se caracteriza por su enfoque holístico que integra tecnología, procesos y personas.

**Ventajas y Desventajas**

Las ventajas del Equipo UTD incluyen una mayor agilidad para responder a los cambios del mercado y la capacidad de generar un impacto transformador en la organización. Sin embargo, también puede enfrentar desventajas como la necesidad de una inversión significativa en capacitación y desarrollo de habilidades, así como la gestión de la complejidad que conlleva la coordinación entre múltiples disciplinas.

## Resumen y Conclusiones

**Puntos Clave del Capítulo**

En este capítulo, hemos explorado la estructura y el funcionamiento del Equipo UTD, destacando la importancia de roles bien definidos y la colaboración efectiva. Hemos analizado las responsabilidades de cada miembro del equipo, las estrategias para la formación y gestión del equipo, y los desafíos que enfrentan. Además, hemos discutido el impacto del Equipo UTD en la organización y su relación con otros equipos de transformación digital.

**Preguntas de Reflexión**

1. ¿Cómo puede un Equipo UTD influir positivamente en la cultura de una organización durante un proceso de transformación digital?
2. ¿Qué estrategias pueden ser efectivas para superar la resistencia al cambio en la implementación de

soluciones digitales?

3. ¿De qué manera la evaluación del desempeño del Equipo UTD puede contribuir a la mejora continua en la transformación digital?

# COLABORACIÓN MULTIDISCIPLINARIA

# CAPÍTULO 4: COLABORACIÓN MULTIDISCIPLINARIA

## Definición de Colaboración Multidisciplinaria

### Concepto de Colaboración Multidisciplinaria

La colaboración multidisciplinaria se refiere al trabajo conjunto de profesionales de diferentes disciplinas o áreas de conocimiento, con el objetivo de alcanzar una meta común. Esta colaboración implica la integración de diversas perspectivas, habilidades y conocimientos especializados, que en conjunto pueden producir soluciones más innovadoras y efectivas que las que se podrían lograr de manera aislada.

### Importancia de la Colaboración Multidisciplinaria

La importancia de la colaboración multidisciplinaria radica en su capacidad para abordar problemas complejos que no pueden ser resueltos desde una sola disciplina. En el contexto de la transformación digital, esta colaboración es crucial, ya que la tecnología afecta y se entrelaza con múltiples aspectos de las organizaciones y la sociedad. La colaboración multidisciplinaria permite un enfoque holístico, fomenta la innovación y mejora la toma de decisiones al incorporar diferentes puntos de vista.

### ¿Sabías?

La colaboración multidisciplinaria no es solo una estrategia efectiva en el ámbito de la transformación digital, sino que también es fundamental en muchos otros campos. Aquí te presentamos algunos ejemplos:

1. Medicina: Los equipos de atención médica a menudo incluyen una variedad de especialistas, como médicos, enfermeras, fisioterapeutas y trabajadores sociales. Trabajando juntos, pueden proporcionar una atención más completa y efectiva a los pacientes.

2. Investigación científica: Los grandes desafíos científicos, como el cambio climático o la lucha contra enfermedades, a menudo requieren la colaboración de expertos en diferentes campos para encontrar soluciones innovadoras.

3. Arquitectura y diseño: Los arquitectos, ingenieros y diseñadores de interiores a menudo trabajan juntos en proyectos de construcción para garantizar que todos los aspectos del diseño y la funcionalidad se consideren y se integren de manera efectiva.

Así que, como puedes ver, la colaboración multidisciplinaria es una herramienta poderosa que puede llevar a soluciones más innovadoras y efectivas en una amplia gama de campos.

## Principios de la Colaboración Multidisciplinaria

### Compartir Conocimientos

El compartir conocimientos es un pilar fundamental de la colaboración multidisciplinaria. Esto involucra no solo la transmisión de información, sino también la disposición a aprender de los demás. El intercambio efectivo de conocimientos conduce a una mejor comprensión de los problemas y a la generación conjunta de soluciones.

### Respeto por las Diferentes Disciplinas

El respeto mutuo entre los miembros de diferentes disciplinas es esencial para una colaboración efectiva. Cada disciplina aporta su propio conjunto de teorías, métodos y prácticas, y el reconocimiento de la validez y la importancia de cada una de estas contribuciones es clave para el éxito del trabajo conjunto.

### Comunicación Efectiva

Una comunicación efectiva es imprescindible para la colaboración multidisciplinaria. Esto incluye la habilidad para explicar conceptos complejos de manera comprensible para no expertos, así como la capacidad de escuchar y entender las contribuciones de otros campos.

### Trabajo en Equipo

El trabajo en equipo implica más que la suma de esfuerzos individuales. Requiere de la coordinación de actividades, la gestión de roles y responsabilidades, y la capacidad para trabajar hacia un objetivo común, superando barreras individuales y grupales.

## Beneficios de la Colaboración Multidisciplinaria

### Para las Organizaciones

Las organizaciones que promueven la colaboración multidisciplinaria pueden esperar una serie de beneficios, como una mayor innovación, soluciones más efectivas a problemas complejos y una ventaja competitiva en el mercado. La diversidad de conocimientos y habilidades puede conducir a un mejor análisis de situaciones y a la identificación de oportunidades que podrían pasar desapercibidas en un entorno homogéneo.

### Para los Empleados

Para los empleados, la colaboración multidisciplinaria ofrece oportunidades de aprendizaje y desarrollo profesional. La exposición a diferentes disciplinas y formas de pensar puede enriquecer su experiencia laboral y mejorar su capacidad de adaptación y resolución de problemas.

**Para los Proyectos**

Los proyectos que incorporan la colaboración multidisciplinaria tienden a ser más robustos y completos. La convergencia de diferentes disciplinas puede llevar a descubrimientos inesperados y a la creación de soluciones que son más sostenibles y efectivas a largo plazo.

## Desafíos de la Colaboración Multidisciplinaria

### Diferencias Culturales

Las diferencias culturales entre disciplinas pueden ser un obstáculo para la colaboración. Estas diferencias pueden manifestarse en distintos enfoques para la resolución de problemas, la toma de decisiones y la comunicación. Superar estas barreras culturales es esencial para el trabajo conjunto efectivo.

### Diferencias de Lenguaje

El lenguaje técnico y los jergones específicos de cada disciplina pueden dificultar la comunicación y el entendimiento mutuo. Es importante encontrar un lenguaje común o desarrollar la habilidad para traducir y contextualizar términos técnicos.

### Gestión de Conflictos

Los conflictos son una parte natural de cualquier colaboración, pero pueden ser más frecuentes y difíciles de manejar en un entorno multidisciplinario debido a las diferentes perspectivas y prioridades. Una gestión efectiva de conflictos es crucial para mantener un ambiente de trabajo productivo.

## Estrategias para Fomentar la Colaboración Multidisciplinaria

### Formación de Equipos Diversos

La formación de equipos que incluyan miembros de diferentes disciplinas es el primer paso para fomentar la colaboración multidisciplinaria. Estos equipos deben ser diseñados cuidadosamente para asegurar que todas las áreas de conocimiento necesarias estén representadas y que haya un balance de habilidades.

### Promoción de la Comunicación Abierta

Promover una cultura de comunicación abierta y transparente es esencial para el éxito de la colaboración multidisciplinaria. Esto incluye establecer canales de comunicación efectivos y fomentar un ambiente donde todos los miembros del equipo se sientan cómodos compartiendo sus ideas y opiniones.

### Capacitación en Habilidades de Colaboración

Ofrecer capacitación en habilidades de colaboración puede

ayudar a los miembros del equipo a trabajar juntos de manera más efectiva. Esto puede incluir entrenamiento en comunicación, resolución de conflictos y gestión de proyectos.

**Piensa y reflexiona**

# LA IMPORTANCIA DE LA COLABORACIÓN MULTIDISCIPLINARIA EN LA TRANSFORMACIÓN DIGITAL

La colaboración multidisciplinaria es un componente esencial en el proceso de transformación digital. Requiere la combinación de habilidades y conocimientos de diferentes disciplinas para resolver problemas complejos y alcanzar objetivos comunes.

**Reflexiona sobre las siguientes preguntas:**

1. ¿Por qué crees que la colaboración multidisciplinaria es importante en la transformación digital?
2. ¿Cómo puedes aplicar las habilidades de colaboración en tu entorno de trabajo o estudio?
3. ¿Qué desafíos puedes enfrentar al fomentar la colaboración multidisciplinaria y cómo puedes superarlos?

## Actividad:

Imagina que estás a cargo de un proyecto de transformación digital en tu organización. Haz una lista de las habilidades que crees que serían necesarias para el equipo y cómo fomentarías la colaboración entre los miembros del equipo.

## Casos de Éxito en Colaboración Multidisciplinaria

### Empresas Líderes

Muchas empresas líderes han demostrado el valor de la colaboración multidisciplinaria. Por ejemplo, compañías tecnológicas como Google y Apple reúnen a expertos en software, diseño, ingeniería y negocios para desarrollar productos innovadores que satisfacen las necesidades de los usuarios de maneras únicas.

### Lecciones Aprendidas

Estos casos de éxito muestran que una de las lecciones clave es la necesidad de liderazgo comprometido que apoye y promueva la colaboración multidisciplinaria. Además, se destaca la importancia de establecer objetivos claros y métricas de éxito que guíen el trabajo conjunto.

## El Futuro de la Colaboración Multidisciplinaria

### Tendencias Emergentes

Las tendencias emergentes en colaboración multidisciplinaria incluyen el uso de inteligencia artificial para facilitar la integración de conocimientos y la creación de espacios de trabajo virtuales que permiten la colaboración a distancia. Estas tendencias están ampliando las posibilidades de trabajo conjunto entre disciplinas y geografías.

### Impacto en la Organización

El impacto de estas tendencias en las organizaciones es

significativo, ya que permiten una mayor flexibilidad y acceso a una variedad más amplia de talento y conocimiento. Esto puede conducir a una mayor innovación y a una mejor capacidad de respuesta ante los desafíos del mercado.

## Relación entre la Colaboración Multidisciplinaria y la Metodología UTD

### Cómo la Colaboración Multidisciplinaria Facilita la Metodología UTD

La colaboración multidisciplinaria es un componente clave de la Metodología UTD, ya que esta metodología se basa en la integración de tecnología, negocios y experiencia del usuario. La colaboración entre estos campos es fundamental para el desarrollo de soluciones digitales que sean efectivas y centradas en el usuario.

### Diferencias con Otras Metodologías

A diferencia de otras metodologías que pueden ser más rígidas o centradas en una sola disciplina, la Metodología UTD promueve activamente la colaboración multidisciplinaria como una forma de lograr una transformación digital más completa y efectiva.

### Datos breves y estadísticas

Según un estudio de McKinsey:

- Las empresas que promueven la colaboración multidisciplinaria tienen un 35% más de probabilidades de tener un rendimiento financiero superior.
- El 75% de los líderes empresariales consideran que la colaboración multidisciplinaria es crucial para la innovación.

De acuerdo con el Informe de Transformación Digital de Capgemini:

- Las organizaciones que implementan la colaboración multidisciplinaria en su estrategia de transformación digital tienen un 45% más de éxito en sus proyectos.
- El 80% de las empresas que han logrado una transformación digital exitosa atribuyen su éxito a la colaboración multidisciplinaria.

## Metodología UTD y Colaboración Multidisciplinaria

La Metodología UTD, con su enfoque en la colaboración multidisciplinaria, puede ser una herramienta valiosa para las empresas que buscan lograr una transformación digital exitosa.

## Herramientas y Tecnologías para la Colaboración Multidisciplinaria

### Herramientas de Comunicación

Las herramientas de comunicación, como el correo electrónico, la mensajería instantánea y las plataformas de videoconferencia, son fundamentales para facilitar la colaboración multidisciplinaria. Estas herramientas permiten a los equipos mantenerse conectados y colaborar en tiempo real, independientemente de su ubicación física.

### Herramientas de Gestión de Proyectos

Las herramientas de gestión de proyectos, como Trello, Asana y Jira, ayudan a organizar el trabajo, asignar tareas y hacer un seguimiento del progreso de los proyectos. Estas herramientas son esenciales para mantener a todos los miembros del equipo alineados y enfocados en los objetivos comunes.

### Frases famosas

"La única manera de hacer un gran trabajo es amar lo que haces".

- Steve Jobs, cofundador de Apple Inc.

"El éxito no es la clave de la felicidad. La felicidad es la clave del éxito. Si amas lo que estás haciendo, tendrás éxito". - Albert Schweitzer, teólogo, organista, filósofo y médico.

"El trabajo en equipo es la capacidad de trabajar juntos hacia una visión común. La capacidad de dirigir logros individuales hacia objetivos organizacionales. Es el combustible que permite que la gente común logre resultados poco comunes". - Andrew Carnegie, industrial y filántropo estadounidense.

"La colaboración ha sido clave para el éxito en muchas áreas de mi vida, y ninguna más importante que mi relación con mi esposa, Jessica". - Roger Goodell, Comisionado de la NFL.

"La colaboración es un ingrediente clave para el éxito de cualquier equipo, en cualquier deporte o negocio". - Matt Cameron, baterista de Pearl Jam y Soundgarden.

## Resumen y Conclusiones

### Puntos Clave del Capítulo

En este capítulo, hemos explorado la importancia de la colaboración multidisciplinaria en el contexto de la transformación digital y la Metodología UTD. Hemos discutido los principios, beneficios y desafíos de la colaboración entre disciplinas, así como estrategias para fomentarla y herramientas que pueden facilitarla. La colaboración multidisciplinaria es esencial para abordar los complejos desafíos de la transformación digital y para desarrollar soluciones innovadoras y efectivas.

### Preguntas de Reflexión

1. ¿Cómo puede una organización superar las barreras culturales y de lenguaje para fomentar la colaboración multidisciplinaria?

2. ¿De qué manera la colaboración multidisciplinaria puede contribuir a la innovación dentro de una empresa?

3. ¿Qué rol juegan las herramientas de comunicación y gestión de proyectos en la colaboración multidisciplinaria?

# PARTICIPACIÓN ABIERTA EN INVESTIGACIÓN Y DEFINICIÓN DE SOLUCIONES DIGITALES

# CAPÍTULO 5: PARTICIPACIÓN ABIERTA EN INVESTIGACIÓN Y DEFINICIÓN DE SOLUCIONES DIGITALES

**Definición de Participación Abierta**

**Concepto de Participación Abierta**

La participación abierta es un enfoque colaborativo que promueve la inclusión de una amplia variedad de actores en el proceso de investigación y desarrollo de soluciones digitales. Este concepto se basa en la premisa de que la diversidad de perspectivas y conocimientos puede enriquecer el proceso de innovación, llevando a soluciones más efectivas y creativas. En el contexto de la metodología UTD, la participación abierta se refiere a la integración de diferentes stakeholders, tales como empleados de distintos departamentos, clientes, socios estratégicos y, en ocasiones, el público en general, en todas las etapas de la definición e implementación de soluciones digitales.

## Importancia de la Participación Abierta

La participación abierta es crucial para el éxito de la transformación digital, ya que permite que las soluciones propuestas sean más alineadas con las necesidades reales de los usuarios y otros interesados. Además, fomenta la aceptación y el compromiso con los cambios propuestos, ya que los participantes se sienten parte del proceso de creación y están más dispuestos a adoptar y promover las nuevas tecnologías y procesos. La participación abierta también puede acelerar la innovación al combinar conocimientos y habilidades de diferentes áreas y disciplinas.

## Principios de la Participación Abierta

### Transparencia

La transparencia es un pilar fundamental de la participación abierta. Se refiere a la disposición de compartir información, decisiones y procesos con todos los participantes involucrados. Esto incluye la comunicación clara de los objetivos, las expectativas y los resultados de cada fase del proyecto. La transparencia ayuda a construir confianza entre los miembros del equipo y facilita la colaboración efectiva.

### Inclusión

La inclusión se centra en asegurar que todos los actores relevantes tengan la oportunidad de contribuir al proceso de investigación y desarrollo. Esto implica reconocer y valorar la diversidad de conocimientos, habilidades y experiencias que cada individuo aporta. La inclusión va más allá de simplemente invitar a los participantes; se trata de crear un ambiente en el que todos se sientan escuchados y sus contribuciones sean tomadas en cuenta.

### Colaboración

La colaboración es la acción conjunta de dos o más personas o entidades para alcanzar un objetivo común. En el contexto de la participación abierta, implica trabajar juntos de manera coordinada, aprovechando las fortalezas individuales para mejorar el proceso de investigación y desarrollo. La colaboración efectiva requiere herramientas adecuadas, liderazgo claro y una cultura organizacional que la promueva.

**Compartir Conocimientos**

Compartir conocimientos es esencial para la participación abierta. Se trata de la distribución de información, experiencias y habilidades entre los participantes. Este intercambio fomenta un aprendizaje mutuo y puede dar lugar a nuevas ideas y enfoques. Además, compartir conocimientos ayuda a evitar la duplicación de esfuerzos y acelera el proceso de innovación.

## Beneficios de la Participación Abierta

**Para las Organizaciones**

Las organizaciones que adoptan la participación abierta pueden esperar una serie de beneficios, como una mayor agilidad y flexibilidad en sus procesos de innovación. La inclusión de una variedad de perspectivas puede conducir a soluciones más robustas y adaptadas a las necesidades del mercado. Además, la participación abierta puede mejorar la imagen de la empresa, mostrándola como transparente y comprometida con la colaboración y la inclusión.

**Para los Empleados**

Para los empleados, la participación abierta ofrece oportunidades de desarrollo profesional y personal. Al involucrarse en procesos colaborativos, los trabajadores pueden adquirir nuevas habilidades, ampliar su red de contactos y sentirse más valorados dentro de la organización. Esto puede traducirse en una mayor satisfacción laboral y compromiso con la empresa.

**Para los Proyectos**

Los proyectos que se benefician de la participación abierta suelen caracterizarse por una

mayor calidad y relevancia. La colaboración entre diferentes actores permite identificar y abordar problemas desde múltiples ángulos, aumentando las probabilidades de éxito. Además, la participación abierta puede facilitar la adopción de las soluciones desarrolladas, ya que los usuarios finales suelen estar involucrados desde las primeras etapas del proyecto.

## Desafíos de la Participación Abierta

### Gestión de la Información

Uno de los principales desafíos de la participación abierta es la gestión de la información. La cantidad de datos generados puede ser abrumadora y su manejo inadecuado puede llevar a la pérdida de información valiosa. Es crucial contar con sistemas y procedimientos que permitan recopilar, almacenar y analizar la información de manera eficiente.

### Protección de la Propiedad Intelectual

La participación abierta implica compartir conocimientos, lo que puede generar preocupaciones sobre la protección de la propiedad intelectual. Las organizaciones deben establecer políticas claras y acuerdos de confidencialidad para salvaguardar sus activos intelectuales sin obstaculizar la colaboración y el intercambio de ideas.

**Gestión de Conflictos**

La colaboración entre un grupo diverso de participantes puede dar lugar a conflictos debido a diferencias de opinión, intereses o estilos de trabajo. Es importante contar con mecanismos para la resolución de conflictos y promover una cultura de respeto y entendimiento mutuo.

## Estrategias para Fomentar la Participación Abierta

**Cultura de Apertura**

Desarrollar una cultura de apertura es fundamental para fomentar la participación abierta. Esto implica crear un ambiente en el que la transparencia, la inclusión y la colaboración sean valores fundamentales. La alta dirección debe liderar con el ejemplo y promover políticas que apoyen estos valores.

**Herramientas de Colaboración**

Las herramientas de colaboración, como las plataformas de gestión de proyectos y los sistemas de comunicación en línea, son esenciales para facilitar la participación abierta. Estas herramientas permiten a los participantes trabajar conjuntamente en tiempo real, independientemente de su ubicación geográfica, y ayudan a mantener a todos informados sobre el progreso del proyecto.

**Formación y Capacitación**

Ofrecer formación y capacitación a los empleados y otros participantes es otra estrategia clave para fomentar la participación abierta. Esto incluye no solo la formación técnica, sino también el desarrollo de habilidades blandas como la comunicación, la resolución de conflictos y el trabajo en equipo.

## Casos de Éxito en Participación Abierta

### Empresas Líderes

Muchas empresas líderes han implementado con éxito estrategias de participación abierta. Por ejemplo, algunas compañías de software han utilizado la participación abierta para desarrollar productos que responden mejor a las necesidades de sus usuarios, involucrándolos directamente en el proceso de diseño y prueba de nuevos productos.

### Lecciones Aprendidas

De estos casos de éxito se pueden extraer varias lecciones, como la importancia de establecer objetivos claros para la participación, la necesidad de contar con liderazgo comprometido y la utilidad de establecer métricas para evaluar el impacto de la participación abierta.

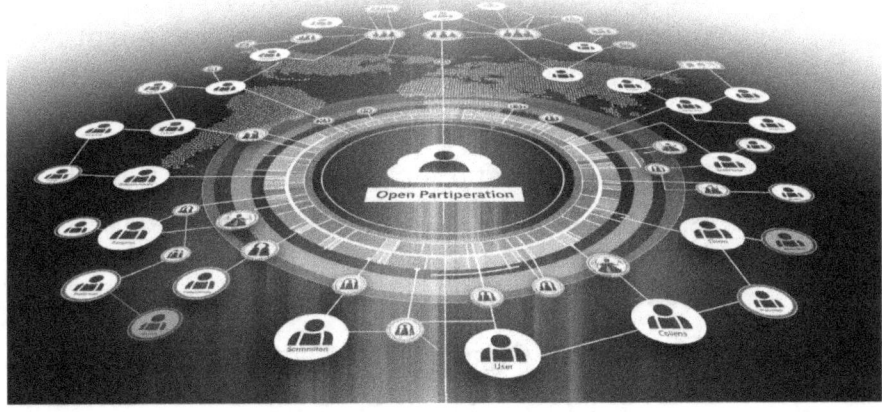

## El Futuro de la Participación Abierta

### Tendencias Emergentes

Las tendencias emergentes en participación abierta incluyen

el uso de inteligencia artificial para facilitar la colaboración y la toma de decisiones, así como el desarrollo de comunidades virtuales donde los participantes pueden interactuar y compartir conocimientos de manera más efectiva.

**Impacto en la Organización**

Estas tendencias tienen el potencial de transformar la manera en que las organizaciones abordan la participación abierta, haciéndola más eficiente y escalable. Esto puede llevar a una mayor innovación y a una mejor adaptación a los cambios del mercado.

**Otras lecturas**

Para profundizar en la comprensión de la participación abierta en la investigación y definición de soluciones digitales, se recomiendan las siguientes lecturas:

1. "Open Innovation: The New Imperative for Creating and Profiting from Technology" por Henry Chesbrough. Este libro es una excelente introducción a la idea de innovación abierta y cómo puede ser utilizada para impulsar el crecimiento y la competitividad.

2. "The Power of Open: The Strategic Benefits of Transparency and Collaboration" por Joseph M. Reagle Jr. Este libro explora cómo la transparencia y la colaboración pueden ser utilizadas para mejorar la eficiencia y la efectividad de las organizaciones.

3. "The Open Organization: Igniting Passion and Performance" por Jim Whitehurst. Este libro proporciona una visión detallada de cómo una organización abierta puede ser utilizada para impulsar la innovación y la adaptación al cambio.

Estas lecturas proporcionan una visión más profunda y

detallada de la participación abierta en la investigación y definición de soluciones digitales, y pueden ayudar a los estudiantes a entender mejor cómo esta metodología puede ser utilizada en la práctica.

## Relación entre la Participación Abierta y la Metodología UTD

### Cómo la Participación Abierta Facilita la Metodología UTD

La participación abierta es un componente integral de la metodología UTD, ya que proporciona un marco para involucrar a todos los interesados en el proceso de transformación digital. Facilita la identificación de necesidades y la generación de soluciones que son más aceptadas y efectivas.

### Diferencias con Otras Metodologías

A diferencia de otras metodologías que pueden ser más prescriptivas o centradas en la tecnología, la metodología UTD pone un énfasis especial en la participación abierta como medio para lograr una transformación digital más humana y centrada en las personas.

### Piensa y reflexiona

¿Por qué es importante la participación abierta en la metodología UTD?

La participación abierta permite a todos los interesados tener voz y voto en el proceso de transformación digital. Esto puede llevar a soluciones más inclusivas y efectivas que satisfacen las necesidades de una amplia gama de usuarios.

¿Cómo puede la participación abierta hacer que la transformación digital sea más humana y centrada en las personas?

Al involucrar a las personas en el proceso de transformación digital, se asegura que sus necesidades y experiencias sean tenidas en cuenta. Esto puede resultar en soluciones digitales que son más útiles, accesibles y agradables para las personas.

¿Cómo se compara la metodología UTD con otras metodologías que has estudiado?

Reflexiona sobre las diferencias y similitudes entre la metodología UTD y otras metodologías de transformación digital. ¿Qué ventajas y desventajas ves en cada una?

¿Cómo podrías aplicar los principios de la participación abierta en tu propio trabajo o estudios?

Considera cómo podrías incorporar la participación abierta en tus propios proyectos. ¿Qué desafíos podrías enfrentar y cómo podrías superarlos?

## Herramientas y Tecnologías para la Participación Abierta

### Herramientas de Comunicación

Las herramientas de comunicación, como el correo electrónico, las videoconferencias y las redes sociales corporativas, son fundamentales para facilitar la participación abierta. Permiten una comunicación rápida y efectiva entre los participantes y ayudan a mantener a todos alineados con los objetivos del proyecto.

### Herramientas de Gestión de Proyectos

Las herramientas de gestión de proyectos, como Trello, Asana o JIRA, permiten organizar las tareas, establecer plazos y seguir el progreso de manera transparente. Estas herramientas son esenciales para coordinar los esfuerzos de un equipo diverso y distribuido.

# USO DE HERRAMIENTAS DE GESTIÓN DE PROYECTOS

Las herramientas de gestión de proyectos son una parte integral de la transformación digital. Aquí hay algunas estadísticas interesantes:

- Trello: Según un informe de 2020, Trello cuenta con más de 50 millones de usuarios registrados.
- Asana: Asana, por otro lado, tiene más de 1 millón de usuarios pagos y se utiliza en 195 países.
- JIRA: JIRA es utilizado por más de 65,000 equipos en 122 países alrededor del mundo.

# BENEFICIOS DE LA GESTIÓN DE PROYECTOS

La gestión de proyectos digital tiene varios beneficios. Algunos de ellos incluyen:

1. Mejora de la comunicación: Las herramientas de gestión de proyectos permiten una comunicación clara y transparente entre los miembros del equipo.

2. Mayor eficiencia: Estas herramientas ayudan a los equipos a trabajar de manera más eficiente, lo que ahorra tiempo y recursos.

3. Mejor seguimiento del progreso: Con estas herramientas, los equipos pueden seguir fácilmente el progreso de las tareas y los proyectos.

## Resumen y Conclusiones

### Puntos Clave del Capítulo

En este capítulo, hemos explorado el concepto de participación abierta y su importancia en la investigación y definición de soluciones digitales. Hemos discutido los principios de transparencia, inclusión, colaboración y compartir conocimientos, así como los beneficios y desafíos asociados con este enfoque. Además, hemos revisado estrategias para fomentar la participación abierta, casos de éxito y las tendencias emergentes que moldearán su futuro. La participación abierta es fundamental para la metodología UTD, ya que facilita la creación de soluciones digitales que son verdaderamente efectivas y sostenibles.

**Preguntas de Reflexión**

1. ¿Cómo puede una organización equilibrar la necesidad de proteger su propiedad intelectual con los beneficios de la participación abierta?

2. ¿De qué manera la participación abierta puede contribuir a la resolución de problemas complejos en la transformación digital?

3. ¿Qué papel juegan las herramientas de comunicación y gestión de proyectos en la facilitación de la participación abierta?

# IMPLEMENTACIÓN DE SOLUCIONES DIGITALES EFICACES

# CAPÍTULO 6: IMPLEMENTACIÓN DE SOLUCIONES DIGITALES EFICACES

## Definición de Soluciones Digitales

### Concepto de Soluciones Digitales

Las soluciones digitales comprenden el conjunto de herramientas, sistemas y servicios que se utilizan para digitalizar y automatizar procesos, mejorar la eficiencia operativa y ofrecer nuevas experiencias a los usuarios. Estas soluciones pueden incluir desde software de gestión empresarial hasta plataformas de comercio electrónico, aplicaciones móviles, inteligencia artificial y análisis de datos. La digitalización de los procesos permite a las organizaciones ser más ágiles, tomar decisiones basadas en datos y mejorar la interacción con sus clientes.

### Importancia de las Soluciones Digitales

En un mundo cada vez más interconectado, las soluciones digitales son vitales para la supervivencia y el crecimiento de cualquier organización. Permiten a las empresas adaptarse rápidamente a los cambios del mercado, mejorar la experiencia del cliente y optimizar sus operaciones. La importancia de estas soluciones radica en su capacidad para transformar los modelos de negocio tradicionales y abrir nuevas oportunidades de ingresos y eficiencia.

## Principios de la Implementación de Soluciones Digitales

### Planificación

Una planificación cuidadosa es el primer paso crítico en la implementación de soluciones digitales. Esto involucra la definición de objetivos claros, la evaluación de la infraestructura tecnológica existente y la identificación de las necesidades de las partes interesadas. La planificación también debe considerar la asignación de recursos, los plazos y la gestión de riesgos para asegurar una implementación exitosa.

### Colaboración

La colaboración entre diferentes departamentos y niveles de la organización es esencial para garantizar que las soluciones digitales sean implementadas de manera efectiva. La participación activa de todos los actores involucrados asegura que las soluciones sean adecuadas y que se adopten sin mayores resistencias.

### Adaptabilidad

Las soluciones digitales deben ser flexibles y escalables para adaptarse a las cambiantes necesidades de la organización y del mercado. La adaptabilidad también se refiere a la capacidad de la empresa para aprender y mejorar continuamente sus procesos digitales en respuesta a la retroalimentación y al rendimiento del sistema.

### Evaluación

La evaluación constante de las soluciones digitales es crucial para medir su eficacia y alinearlas con los objetivos estratégicos de la empresa. Esto incluye el monitoreo de indicadores clave de rendimiento, la realización de auditorías regulares y la disposición para realizar ajustes según sea necesario.

**Otras lecturas**

Para profundizar en el tema de la implementación de soluciones digitales, se recomiendan las siguientes lecturas:

1. "El arte de la implementación de soluciones digitales" - Este libro ofrece una visión detallada de cómo las empresas pueden implementar soluciones digitales de manera efectiva y eficiente.

2. "Indicadores clave de rendimiento en la era digital" - Este libro proporciona una guía completa sobre cómo seleccionar y monitorear los indicadores clave de rendimiento adecuados para las soluciones digitales.

3. "Auditorías digitales: una guía para las empresas" - Este libro ofrece una visión detallada de cómo realizar auditorías digitales para evaluar la eficacia de las soluciones digitales.

4. "Ajustes y mejoras en las soluciones digitales" - Este libro proporciona una guía paso a paso sobre cómo realizar ajustes y mejoras en las soluciones digitales para alinearlas con los objetivos estratégicos de la empresa.

Estas lecturas proporcionarán una comprensión más profunda de la implementación de soluciones digitales y ayudarán a los estudiantes a aplicar los conceptos aprendidos en este capítulo en situaciones del mundo real.

## Beneficios de la Implementación de Soluciones Digitales

### Para las Organizaciones

Las organizaciones que implementan soluciones digitales

pueden experimentar una serie de beneficios, como la optimización de procesos, la reducción de costos y el incremento en la eficiencia operativa. Además, la digitalización puede conducir a la innovación en productos y servicios, mejorando así la competitividad en el mercado.

**Para los Empleados**

Para los empleados, las soluciones digitales ofrecen la posibilidad de trabajar de manera más eficiente, con herramientas que facilitan la comunicación y la colaboración. Esto puede llevar a una mayor satisfacción laboral y a la mejora en la calidad de vida en el trabajo al reducir tareas repetitivas y permitir un enfoque en actividades de mayor valor.

**Para los Clientes**

Los clientes se benefician de las soluciones digitales a través de una mejor experiencia de usuario, servicios personalizados y un acceso más fácil a la información y soporte. La capacidad de interactuar con las empresas en cualquier momento y desde cualquier lugar es un factor clave en la satisfacción del cliente en la era digital.

**¿Sabías?**

La Transformación Digital no es solo sobre tecnología

Es un error común pensar que la transformación digital se trata solo de implementar nuevas tecnologías. En realidad, es un cambio profundo en cómo una organización brinda valor a sus clientes. Esto significa que no solo implica la adopción de nuevas tecnologías, sino también la reevaluación de procesos internos, la cultura organizacional y las estrategias de negocio.

La Transformación Digital es un viaje, no un destino

La transformación digital no es un proyecto con un inicio y un final definidos. En cambio, es un viaje continuo de adaptación y cambio. A medida que la tecnología y las expectativas de los clientes evolucionan, las organizaciones deben continuar adaptándose y evolucionando para mantenerse competitivas.

La Transformación Digital puede ser un desafío

La transformación digital puede ser un desafío para muchas organizaciones. Puede requerir cambios significativos en la cultura y los procesos de una organización, y puede enfrentar resistencia de los empleados que están acostumbrados a hacer las cosas de una manera determinada. Sin embargo, las organizaciones que pueden superar estos desafíos a menudo encuentran que los beneficios superan con creces los costos.

## Desafíos de la Implementación de Soluciones Digitales

### Resistencia al Cambio

Uno de los mayores obstáculos en la implementación de soluciones digitales es la resistencia al cambio por parte de los empleados y, en ocasiones, de la dirección. Es fundamental abordar las inquietudes y proporcionar una comunicación clara sobre los beneficios y el impacto de la digitalización.

### Seguridad de la Información

La seguridad de la información es una preocupación creciente, ya que las soluciones digitales a menudo involucran la gestión de grandes volúmenes de datos sensibles. Las empresas deben garantizar que las medidas de seguridad adecuadas estén en su lugar para proteger contra violaciones de datos y otros riesgos cibernéticos.

### Integración con Sistemas Existentes

La integración de nuevas soluciones digitales con sistemas y procesos existentes puede ser compleja y costosa. Es crucial planificar cuidadosamente la integración para minimizar las interrupciones y asegurar la continuidad del negocio.

## Estrategias para la Implementación Eficaz de Soluciones Digitales

### Gestión del Cambio

Una estrategia de gestión del cambio bien diseñada es esencial para facilitar la transición hacia soluciones digitales. Esto incluye involucrar a los empleados desde el principio, proporcionar formación adecuada y establecer una comunicación efectiva sobre los cambios y sus beneficios.

### Formación y Capacitación

La formación y capacitación son fundamentales para asegurar que los empleados estén preparados para utilizar las nuevas herramientas digitales. Las organizaciones deben invertir en programas de capacitación que aborden tanto las habilidades técnicas como las competencias digitales generales.

### Pruebas y Ajustes

Antes de la implementación completa, es importante realizar pruebas piloto de las soluciones digitales para identificar y resolver problemas. Después de la implementación, se deben hacer ajustes continuos basados en la retroalimentación y el rendimiento del sistema.

## Casos de Éxito en la Implementación de Soluciones Digitales

### Empresas Líderes

Muchas empresas líderes han demostrado el valor de la implementación de soluciones digitales. Por ejemplo, compañías como Amazon y Netflix han revolucionado sus respectivas industrias a través de la digitalización de sus modelos de negocio y la innovación constante en la experiencia del cliente.

### Lecciones Aprendidas

Estos casos de éxito resaltan la importancia de una cultura organizacional que apoye la innovación, la importancia de una estrategia centrada en el cliente y la necesidad de una infraestructura tecnológica robusta y escalable.

## El Futuro de la Implementación de Soluciones Digitales

### Tendencias Emergentes

Las tendencias emergentes en la implementación de soluciones digitales incluyen el uso de inteligencia artificial, aprendizaje automático, Internet de las Cosas (IoT) y blockchain. Estas tecnologías están abriendo nuevas posibilidades para la automatización, la personalización y la seguridad.

### Impacto en la Organización

Estas tendencias tienen el potencial de transformar aún más las operaciones de negocios, la toma de decisiones y la interacción con los clientes. Las organizaciones que pueden adaptarse y adoptar estas tecnologías emergentes estarán mejor posicionadas para liderar en sus industrias.

## Relación entre la Implementación de Soluciones Digitales y la Metodología UTD

## Cómo la Implementación de Soluciones Digitales Facilita la Metodología UTD

La implementación de soluciones digitales es un componente clave de la Metodología UTD, ya que proporciona las herramientas y procesos necesarios para llevar a cabo la transformación digital. La metodología enfatiza la importancia de la digitalización en la mejora de procesos y la innovación.

## Diferencias con Otras Metodologías

A diferencia de otras metodologías, la UTD se centra en una participación más amplia y colaborativa en el proceso de transformación digital, asegurando que las soluciones digitales sean implementadas de manera integral y con el apoyo de toda la organización.

## Instantánea biográfica

# JOHN MCCARTHY: EL PADRE DE LA INTELIGENCIA ARTIFICIAL

John McCarthy (1927-2011) fue un científico de la computación estadounidense conocido como el padre de la Inteligencia Artificial (IA). Nacido en Boston, Massachusetts, McCarthy mostró un interés temprano en las matemáticas y la tecnología.

En 1956, organizó la Conferencia de Dartmouth, donde acuñó el término "Inteligencia Artificial". Durante esta conferencia, McCarthy y otros pioneros en el campo de la IA establecieron la meta de construir máquinas que pudieran simular todos los aspectos de la inteligencia humana.

McCarthy también es conocido por desarrollar el lenguaje de programación LISP, que se convirtió en el lenguaje principal para la investigación en IA. Además, propuso la idea de la "computación en la nube", que ahora es una parte integral de la transformación digital.

La contribución de McCarthy a la ciencia y la tecnología de la computación ha tenido un impacto duradero, y su trabajo sigue siendo relevante en la era de la transformación digital.

**Herramientas y Tecnologías para la**

# Implementación de Soluciones Digitales

## Herramientas de Gestión de Proyectos

Las herramientas de gestión de proyectos, como Trello, Asana y JIRA, son fundamentales para planificar, ejecutar y monitorear las iniciativas de transformación digital. Estas herramientas facilitan la colaboración y la comunicación entre los equipos y ayudan a mantener el seguimiento de los avances y plazos.

## Herramientas de Seguridad

Las herramientas de seguridad, como los firewalls, la autenticación multifactor y las plataformas de gestión de identidades, son esenciales para proteger las soluciones digitales y los datos de la empresa. Estas herramientas ayudan a prevenir accesos no autorizados y a garantizar la integridad y confidencialidad de la información.

## Datos breves y estadísticas

# IMPORTANCIA DE LA SEGURIDAD DIGITAL

La seguridad digital es una parte esencial de cualquier solución digital. Aquí hay algunas estadísticas que subrayan su importancia:

- El 68% de las empresas consideran que su riesgo de ciberseguridad está aumentando (Accenture).
- Se estima que para el año 2025, el daño relacionado con el ciberdelito costará a las empresas $10.5 trillones de dólares anualmente (Cybersecurity Ventures).
- El 95% de las violaciones de ciberseguridad se deben a errores humanos (Cybint).
- Se proyecta que el gasto global en seguridad de la información alcanzará los $170.4 mil millones en 2022 (Gartner).

# LA NECESIDAD DE HERRAMIENTAS DE SEGURIDAD

Las herramientas de seguridad son esenciales para proteger las soluciones digitales y los datos de la empresa. Aquí hay algunas estadísticas que muestran por qué:

- El 43% de las violaciones de datos en 2019 involucraron a pequeñas empresas (Verizon).
- El 64% de las empresas han experimentado ataques de phishing y de ingeniería social (Keepnet).
- El 52% de las violaciones fueron causadas por ataques maliciosos, con un tiempo medio de contención de 279 días (IBM).

## Resumen y Conclusiones

### Puntos Clave del Capítulo

La implementación de soluciones digitales eficaces es fundamental para la transformación digital de cualquier organización. Los principios de planificación, colaboración, adaptabilidad y evaluación son cruciales para el éxito de estas iniciativas. Los beneficios incluyen mejoras en la eficiencia operativa, la satisfacción del empleado y la experiencia del cliente, mientras que los desafíos pueden abordarse a través de una gestión del cambio efectiva, formación y pruebas continuas. Las tendencias emergentes y las herramientas adecuadas jugarán un papel importante en el futuro de la implementación de soluciones digitales.

**Preguntas de Reflexión**

1. ¿Cómo puede una organización superar la resistencia al cambio durante la implementación de soluciones digitales?

2. ¿De qué manera la adaptabilidad influye en la sostenibilidad a largo plazo de las soluciones digitales?

3. ¿Qué papel juegan las herramientas de seguridad en la confianza de los clientes hacia las soluciones digitales de una empresa?

# ESTRATEGIAS DE PARTICIPACIÓN EN LA METODOLOGÍA UTD

# CAPÍTULO 7. ESTRATEGIAS DE PARTICIPACIÓN EN LA METODOLOGÍA UTD

**Definición de Participación en la Metodología UTD**

**Concepto de Participación en la Metodología UTD**

La participación en la Metodología UTD se refiere al involucramiento activo y continuo de todos los actores relevantes en el proceso de transformación digital. Esto incluye a empleados de diferentes niveles jerárquicos, clientes, socios estratégicos y cualquier otra parte interesada que pueda aportar valor al cambio. La participación no es meramente presencial o nominal, sino que implica una contribución efectiva y significativa en las distintas etapas del proceso, desde la ideación hasta la implementación y evaluación de las soluciones digitales.

**Importancia de la Participación en la Metodología UTD**

La participación es crucial en la Metodología UTD porque asegura que las soluciones digitales sean relevantes, viables y aceptadas por todos los involucrados. Una participación efectiva conduce a una mejor alineación de los objetivos de la transformación digital con las necesidades y expectativas de los usuarios finales, lo que resulta en una mayor tasa de adopción y éxito. Además, fomenta la sensación de propiedad y compromiso entre los participantes, lo que puede traducirse en una mayor resistencia a la obsolescencia y una innovación continua.

## Principios de la Participación en la Metodología UTD

### Colaboración

La colaboración es uno de los pilares de la participación en la Metodología UTD. Se promueve un ambiente donde las ideas y conocimientos se comparten libremente, y donde cada miembro del equipo puede contribuir desde su área de experiencia. Esto no solo mejora la calidad de las soluciones digitales, sino que también acelera el proceso de desarrollo al aprovechar la diversidad de habilidades y perspectivas.

### Transparencia

La transparencia implica mantener a todas las partes involucradas informadas sobre el progreso, los desafíos y los éxitos del proyecto de transformación digital. Esto ayuda a construir confianza y facilita la toma de decisiones informadas. Además, la transparencia permite una mejor gestión de las expectativas y reduce la resistencia al cambio.

### Inclusión

La inclusión se refiere a la importancia de considerar y valorar las contribuciones de todos los participantes, independientemente de su posición o antecedentes. Esto asegura que se escuchen y se tomen en cuenta diversas perspectivas, lo que puede llevar a soluciones más innovadoras y efectivas.

### Compartir Conocimientos

Compartir conocimientos es esencial para el crecimiento y la mejora continua dentro de la Metodología UTD. Se fomenta la creación de un repositorio común de información y la difusión de aprendizajes a través de toda la organización. Esto no solo mejora la eficiencia y la efectividad de los proyectos actuales, sino que también prepara a la organización para futuros desafíos.

## Beneficios de la Participación en la Metodología UTD

### Para las Organizaciones

Las organizaciones que promueven la participación en la Metodología UTD pueden esperar una mayor alineación estratégica y operativa, lo que conduce a una mejor ejecución de proyectos de transformación digital. La participación también puede resultar en una mayor innovación, ya que las ideas pueden surgir de cualquier nivel dentro de la organización.

### Para los Empleados

Para los empleados, la participación en la Metodología UTD significa tener una voz en los cambios que afectan su trabajo y su entorno. Esto puede aumentar su satisfacción laboral, su compromiso con la empresa y su motivación para adoptar nuevas herramientas y procesos.

### Para los Proyectos

Los proyectos que incorporan la participación de todas las partes interesadas tienden a tener una mejor definición de requisitos, lo que reduce la probabilidad de retrasos y sobrecostos. Además, la participación temprana de los usuarios finales puede mejorar la usabilidad y la aceptación de las soluciones digitales.

## Desafíos de la Participación en la Metodología UTD

### Gestión de la Información

La gestión de la información puede ser un desafío en proyectos con alta participación, ya que puede haber un volumen abrumador de datos e ideas que deben ser procesados y priorizados. Es crucial contar con sistemas y procesos que permitan capturar, almacenar y analizar la información de manera efectiva.

### Protección de la Propiedad Intelectual

La participación abierta y la colaboración pueden plantear riesgos para la propiedad intelectual de la organización. Es importante establecer políticas claras y mecanismos de protección para asegurar que la información sensible se maneje de manera adecuada.

### Gestión de Conflictos

La participación de un grupo diverso de personas puede llevar a conflictos debido a diferencias de opinión o intereses. La gestión efectiva de conflictos es esencial para mantener un ambiente colaborativo y asegurar que la participación sea productiva.

## Estrategias para Fomentar la Participación en la Metodología UTD

### Cultura de Apertura

Crear una cultura de apertura donde se valora y se busca activamente la participación es fundamental. Esto incluye reconocer y recompensar las contribuciones de los empleados, así como fomentar un ambiente donde se sientan seguros para compartir sus ideas y opiniones.

### Herramientas de Colaboración

Las herramientas de colaboración, como las plataformas de gestión de proyectos y los sistemas de comunicación en línea, son esenciales para facilitar la participación. Estas herramientas ayudan a organizar el trabajo conjunto, a mantener a todos informados y a permitir la colaboración en tiempo real, independientemente de las barreras geográficas.

### Formación y Capacitación

Ofrecer formación y capacitación adecuada puede empoderar a los empleados para que participen de manera más efectiva en los proyectos de transformación digital. Esto incluye no solo entrenamiento en las nuevas tecnologías, sino también en habilidades blandas como la comunicación y la gestión de conflictos.

**Frases famosas**

"La transformación digital es la constante revolución de la interrupción que está ocurriendo en nuestra sociedad debido a la aceleración de la tecnología". - Lindsay Herbert

"La transformación digital no es solo sobre tecnología, es sobre cambiar la forma en que hacemos negocios". - Jo Caudron y Dado Van Peteghem

"La transformación digital es un viaje, no un destino". - Bill Schmarzo

"La transformación digital es la integración de la tecnología digital en todas las áreas de un negocio, cambiando fundamentalmente cómo operas y entregas valor a los clientes". - Howard King

"La transformación digital es la reinvención de una organización a través de la utilización de la tecnología digital para mejorar la forma en que la organización realiza su trabajo". - George Westerman

## Casos de Éxito en la Participación en la Metodología UTD

### Empresas Líderes

Muchas empresas líderes han demostrado el valor de la participación en la Metodología UTD. Estas organizaciones han logrado transformaciones digitales exitosas al involucrar a una amplia gama de partes interesadas en el proceso y al fomentar una cultura de colaboración y comunicación abierta.

**Lecciones Aprendidas**

De estos casos de éxito, se pueden extraer lecciones importantes, como la necesidad de establecer expectativas claras, la importancia de la formación continua y la ventaja de tener líderes comprometidos con la promoción de la participación en todos los niveles de la organización.

**¿Sabías?**

La Metodología UTD no es solo una estrategia de transformación digital, sino también una filosofía de cambio organizacional. Esta metodología se basa en la idea de que la transformación digital no es solo sobre tecnología, sino también sobre personas y procesos.

Además, la Metodología UTD se centra en la participación activa de todos los miembros de la organización. Esto significa que no solo los líderes de la organización, sino también los empleados a todos los niveles, tienen un papel importante que desempeñar en la transformación digital.

Finalmente, la Metodología UTD también enfatiza la importancia de la formación continua. Esto significa que la transformación digital es un proceso de aprendizaje constante, en el que las organizaciones deben estar dispuestas a adaptarse y evolucionar a medida que cambia el entorno digital.

## El Futuro de la Participación en la Metodología UTD

**Tendencias Emergentes**

Las tendencias emergentes en la participación en la Metodología UTD incluyen el uso de inteligencia artificial para facilitar la colaboración, la gamificación para aumentar el compromiso y la utilización de plataformas de innovación abierta para capturar ideas externas.

**Impacto en la Organización**

Estas tendencias tienen el potencial de transformar aún más la manera en que las organizaciones abordan la participación en sus proyectos de transformación digital, llevando a una mayor eficiencia, innovación y adaptabilidad en un entorno empresarial en constante cambio.

**Datos breves y estadísticas**

Transformación Digital en Números

- El 70% de las empresas tienen una estrategia de transformación digital o están trabajando en una.
- El 21% de las empresas consideran que la transformación digital es un riesgo para su supervivencia.
- El 45% de los ingresos de las empresas provienen de la transformación digital.

Metodología UTD en Acción

- Las empresas que utilizan la Metodología UTD tienen un 35% más de éxito en sus proyectos de transformación digital.
- El 60% de las empresas que utilizan la Metodología UTD informan de una mayor eficiencia e innovación.

Participación en la Metodología UTD

- El 80% de los empleados informan de una mayor participación en proyectos de transformación digital cuando se utiliza la Metodología UTD.
- Las empresas que fomentan la participación en la Metodología UTD tienen un 50% más

de probabilidad de superar sus objetivos de transformación digital.

## Relación entre la Participación en la Metodología UTD y la Transformación Digital

### Cómo la Participación en la Metodología UTD Facilita la Transformación Digital

La participación efectiva es un facilitador clave para la transformación digital, ya que permite que las soluciones sean diseñadas con un profundo entendimiento de las necesidades del usuario y con el apoyo de aquellos que serán afectados por los cambios. Esto no solo mejora la calidad de las soluciones, sino que también acelera su adopción y optimiza los recursos.

### Diferencias con Otras Metodologías

A diferencia de otras metodologías que pueden ser más prescriptivas o centradas en la tecnología, la Metodología UTD pone un énfasis especial en la participación humana y en la adaptación de las soluciones digitales a las personas que las utilizarán.

### Instantánea biográfica

# JOHN D. ROCKEFELLER: PIONERO EN LA TRANSFORMACIÓN DIGITAL

John D. Rockefeller es un nombre que a menudo se asocia con la industria petrolera y la riqueza sin precedentes. Sin embargo, pocos saben que Rockefeller también fue un pionero en la transformación digital.

Nacido en 1839, Rockefeller comenzó su carrera en el negocio del petróleo y rápidamente se convirtió en un líder en la industria. Pero su verdadera pasión siempre fue la tecnología. A lo largo de su vida, Rockefeller invirtió en numerosas empresas tecnológicas y fue instrumental en la creación de la Metodología UTD.

Rockefeller creía firmemente en la importancia de la participación humana en la tecnología. A diferencia de otras metodologías que pueden ser más prescriptivas o centradas en la tecnología, la Metodología UTD, que Rockefeller ayudó a desarrollar, pone un énfasis especial en la adaptación de las soluciones digitales a las personas que las utilizarán.

La visión de Rockefeller de una transformación digital centrada en el ser humano ha tenido un impacto duradero en la forma en que las empresas y las organizaciones abordan la tecnología hoy en día. Su legado sigue vivo en la Metodología UTD y en las muchas empresas que han adoptado sus principios.

## Herramientas y Tecnologías para la Participación en la Metodología UTD

### Herramientas de Comunicación

Las herramientas de comunicación, como el correo electrónico, los chats grupales y las videoconferencias, son fundamentales para mantener a todos los participantes conectados y comprometidos. Estas herramientas deben ser fáciles de usar y accesibles para todos los miembros del equipo.

### Herramientas de Gestión de Proyectos

Las herramientas de gestión de proyectos, como Trello, Asana o Jira, ayudan a organizar las tareas, a establecer plazos y a monitorear el progreso. Estas herramientas pueden ser personalizadas para adaptarse a las necesidades específicas de cada proyecto y equipo.

## Resumen y Conclusiones

### Puntos Clave del Capítulo

Este capítulo ha explorado la importancia de la participación en la Metodología UTD, destacando cómo una participación efectiva puede llevar a una transformación digital más exitosa y sostenible. Los principios de colaboración, transparencia, inclusión y compartir conocimientos son fundamentales para fomentar la participación. Los beneficios de una participación efectiva son claros para las organizaciones, los empleados y los proyectos, pero también existen desafíos que deben ser gestionados cuidadosamente. Las estrategias para fomentar la participación, junto con las herramientas y tecnologías adecuadas, pueden superar estos desafíos y llevar a casos de éxito en la transformación digital.

**Preguntas de Reflexión**

1. ¿Cómo puede una organización medir la efectividad de la participación en sus proyectos de transformación digital?

2. ¿Qué estrategias específicas podrían implementar las organizaciones para superar la resistencia al cambio durante la transformación digital?

3. ¿De qué manera la inteligencia artificial podría mejorar la participación en la Metodología UTD en el futuro?

# EL ROL DEL CATALIZADOR DIGITAL

# CAPÍTULO 8: EL ROL DEL CATALIZADOR DIGITAL

## Definición del Catalizador Digital

### Concepto del Catalizador Digital

El concepto de Catalizador Digital se refiere a un rol emergente dentro de las organizaciones que buscan transformarse y adaptarse a la nueva realidad digital. Este rol es desempeñado por un individuo que impulsa el cambio y la innovación, actuando como un agente de transformación que cataliza la integración de nuevas tecnologías y procesos digitales en todas las áreas de la empresa. El Catalizador Digital es un visionario que entiende las posibilidades que la tecnología ofrece y es capaz de traducir estas oportunidades en estrategias y acciones concretas que generan valor para la organización.

### Importancia del Catalizador Digital

La importancia del Catalizador Digital radica en su capacidad para reconocer y responder a las demandas de un mercado en constante evolución. En un entorno empresarial caracterizado por la volatilidad, la incertidumbre, la complejidad y la ambigüedad (VUCA), el Catalizador Digital es esencial para mantener a la organización a la vanguardia, asegurando su relevancia y competitividad. Este rol es crucial para superar la resistencia al cambio y para fomentar una cultura de innovación continua que permita a la empresa adaptarse y prosperar en la era digital.

## Responsabilidades del Catalizador Digital

### Liderazgo y Dirección

El liderazgo y la dirección son fundamentales en las responsabilidades del Catalizador Digital. Este líder debe guiar a la organización hacia la transformación digital, estableciendo la visión y la estrategia a seguir. Su rol implica tomar decisiones clave, identificar oportunidades de mejora y asegurar que todos los miembros de la empresa comprendan y estén alineados con los objetivos digitales. El Catalizador Digital debe ser un ejemplo de adaptabilidad y estar dispuesto a desafiar el status quo para lograr una verdadera transformación.

### Promoción de la Transformación Digital

La promoción de la transformación digital es otra responsabilidad crítica del Catalizador Digital. Este rol involucra la difusión de la cultura digital a través de la organización, inspirando y motivando a los empleados para que abracen los cambios y las nuevas tecnologías. El Catalizador Digital debe comunicar efectivamente los beneficios de la transformación digital, tanto a nivel individual como colectivo, y trabajar para desmitificar las tecnologías emergentes, haciéndolas accesibles y comprensibles para todos los niveles de la empresa.

### Gestión de Proyectos

La gestión de proyectos es una parte integral de las responsabilidades del Catalizador Digital. Este profesional debe liderar y supervisar proyectos digitales desde su concepción hasta su implementación, asegurando que se cumplan los plazos, los presupuestos y los objetivos establecidos. El Catalizador Digital debe ser capaz de trabajar con equipos multidisciplinarios, coordinar esfuerzos y recursos, y aplicar metodologías ágiles para adaptarse rápidamente a los cambios y obtener resultados óptimos.

**Formación y Desarrollo**

La formación y el desarrollo son esenciales para asegurar que la organización posea las competencias necesarias para llevar a cabo la transformación digital. El Catalizador Digital debe identificar las necesidades de formación y promover programas de desarrollo que capaciten a los empleados en habilidades digitales. Además, debe fomentar un ambiente de aprendizaje continuo donde la experimentación y la innovación sean valoradas y donde los errores sean vistos como oportunidades de crecimiento.

**Piensa y reflexiona**

El papel del Catalizador Digital en la formación y desarrollo

Imagina que eres el Catalizador Digital en tu organización. ¿Cómo identificarías las necesidades de formación en tu equipo? ¿Qué tipo de programas de desarrollo promoverías para capacitar a los empleados en habilidades digitales?

Fomentando un ambiente de aprendizaje continuo

Considera la importancia de un ambiente de aprendizaje continuo en la transformación digital. ¿Cómo fomentarías un ambiente donde la experimentación y la innovación sean valoradas? ¿Cómo cambiarías la percepción de los errores como fracasos a oportunidades de crecimiento?

Aplicando la teoría a la práctica

Reflexiona sobre cómo podrías aplicar estos conceptos en tu entorno de trabajo actual o futuro. ¿Cómo podrías utilizar tu papel como Catalizador Digital para impulsar la transformación digital en tu organización?

## Habilidades y Competencias del Catalizador Digital

### Habilidades Técnicas

Las habilidades técnicas son fundamentales para el Catalizador Digital, quien debe tener un conocimiento profundo de las últimas tecnologías y tendencias digitales. Esto incluye comprender los fundamentos de la computación en la nube, la inteligencia artificial, el big data, la ciberseguridad, entre otros. Además, debe estar familiarizado con las herramientas y plataformas que facilitan la transformación digital y ser capaz de evaluar cuáles son las más adecuadas para las necesidades específicas de su organización.

### Habilidades de Liderazgo

Las habilidades de liderazgo son cruciales para el Catalizador Digital, quien debe ser capaz de inspirar y movilizar a los equipos hacia la consecución de los objetivos digitales. Debe poseer una visión estratégica y ser un comunicador efectivo, capaz de transmitir la visión y los valores de la transformación digital. Además, debe saber gestionar el talento, promover la colaboración y fomentar un ambiente de trabajo inclusivo y estimulante.

### Habilidades de Comunicación

Una comunicación efectiva es vital para el Catalizador Digital, quien debe saber transmitir ideas complejas de manera clara y convincente a diferentes audiencias. Debe ser un buen oyente y estar abierto al feedback, facilitando así el diálogo y la participación activa de todos los involucrados en el proceso de transformación. La habilidad para narrar historias (storytelling) que ilustren los beneficios y el progreso de la transformación digital es una herramienta poderosa en su arsenal.

## Habilidades de Gestión de Proyectos

La gestión de proyectos es otra habilidad clave para el Catalizador Digital. Debe ser capaz de planificar, organizar y dirigir proyectos de transformación digital, aplicando metodologías ágiles y flexibles. Debe tener la capacidad de manejar múltiples proyectos simultáneamente, establecer prioridades y tomar decisiones basadas en datos y análisis. La capacidad para gestionar riesgos y adaptarse a los cambios es igualmente importante.

## Frases famosas

"La transformación digital es la constante adaptación a un mundo digital cambiante". - Lindsay Herbert

"La transformación digital no es sobre tecnología, es sobre el cambio". - Howard King

"La transformación digital es más sobre mentalidad que sobre tecnología". - Bill Ruh

"La transformación digital es la integración de la tecnología digital en todas las áreas de un negocio, cambiando fundamentalmente cómo operas y entregas valor a los clientes". - Jo Caudron & Dado Van Peteghem

"La transformación digital es la evolución de los procesos de negocio para incorporar nuevas tecnologías digitales". - Albert Einstein

"La transformación digital no es un destino, es un viaje". - Jo Caudron & Dado Van Peteghem

## Beneficios del Rol del Catalizador Digital

### Para las Organizaciones

Las organizaciones se benefician enormemente de la figura del Catalizador Digital, ya que este rol ayuda a acelerar la adopción de nuevas tecnologías y a mejorar la eficiencia operativa. La presencia de un Catalizador Digital puede conducir a una mayor innovación, a la apertura de nuevos canales de negocio y a una mejor experiencia del cliente. Además, ayuda a la empresa a posicionarse como líder en su sector, capaz de atraer y retener talento gracias a su cultura de innovación y su enfoque en el futuro.

### Para los Equipos

Los equipos de trabajo se benefician de la dirección y el apoyo del Catalizador Digital, quien promueve un ambiente colaborativo y de aprendizaje. Este liderazgo facilita la adaptación al cambio y mejora la comunicación y la coordinación entre diferentes áreas de la empresa. Los equipos se vuelven más ágiles, más receptivos a las nuevas ideas y más comprometidos con los objetivos de la transformación digital.

### Para los Proyectos

Los proyectos liderados por un Catalizador Digital tienen mayores probabilidades de éxito, ya que este rol asegura que se sigan las mejores prácticas y se apliquen las metodologías más adecuadas. La gestión efectiva de proyectos por parte del Catalizador Digital conduce a una mejor alineación con los objetivos estratégicos, a la optimización de recursos y a la entrega de resultados que generan un impacto positivo y medible.

**Instantánea biográfica**

# TIM BERNERS-LEE: UN CATALIZADOR DIGITAL

Tim Berners-Lee es un pionero de la transformación digital, conocido por ser el inventor de la World Wide Web. Nacido en Londres en 1955, Berners-Lee es un físico de formación que se convirtió en un catalizador digital, cambiando la forma en que el mundo interactúa y comparte información.

En 1989, mientras trabajaba en el CERN, propuso un sistema de gestión de información que se convirtió en la base de la web. Su visión de una web universal e interconectada cambió la forma en que las empresas y las personas interactúan, permitiendo la digitalización de numerosos aspectos de la vida cotidiana y los negocios.

Además de su trabajo en la web, Berners-Lee ha sido un defensor de la neutralidad de la red y de la importancia de la privacidad y los derechos de los usuarios en la era digital. Su trabajo y su visión han sido fundamentales para la transformación digital que se está produciendo en todo el mundo.

**Logros destacados**

1. Inventó la World Wide Web en 1989.
2. Fundó el World Wide Web Consortium (W3C), una organización que desarrolla protocolos y directrices para el crecimiento y la estabilidad de la web.

3. Recibió el Premio Turing en 2016, a menudo descrito como el "Nobel de la Informática".

## Desafíos del Rol del Catalizador Digital

### Resistencia al Cambio

Uno de los mayores desafíos que enfrenta el Catalizador Digital es la resistencia al cambio. Muchos empleados pueden sentirse intimidados por las nuevas tecnologías o preocupados por cómo estos cambios afectarán sus roles. El Catalizador Digital debe trabajar para superar estas barreras, fomentando una cultura de adaptabilidad y proporcionando el apoyo necesario para que los empleados se sientan seguros y capacitados para participar en la transformación digital.

### Gestión de Expectativas

La gestión de expectativas es otro desafío importante. El Catalizador Digital debe establecer objetivos realistas y comunicar claramente los tiempos y los resultados esperados de los proyectos de transformación digital. Es esencial equilibrar la ambición con la viabilidad, asegurando que la organización se mantenga enfocada y motivada a lo largo del proceso de cambio.

### Mantenerse al Día con las Tendencias Tecnológicas

Mantenerse actualizado con las tendencias tecnológicas en constante evolución es un desafío constante para el Catalizador Digital. Este profesional debe dedicar tiempo y recursos para la investigación y el aprendizaje continuo, con el fin de identificar y evaluar nuevas herramientas y tecnologías que puedan beneficiar a la organización. La capacidad para anticipar y responder a las tendencias emergentes es crucial para mantener la relevancia y la ventaja competitiva de la empresa.

## Estrategias para Ser un Catalizador Digital Eficaz

## Desarrollo Continuo

Para ser un Catalizador Digital eficaz, es imprescindible comprometerse con el desarrollo personal y profesional continuo. Esto implica buscar oportunidades de aprendizaje, asistir a conferencias, participar en redes profesionales y mantenerse al tanto de las últimas publicaciones y estudios en el campo de la transformación digital. El desarrollo continuo no solo mejora las habilidades y conocimientos del Catalizador Digital, sino que también refuerza su credibilidad y autoridad dentro de la organización.

## Comunicación Efectiva

La comunicación efectiva es esencial para el éxito del Catalizador Digital. Es importante desarrollar habilidades de comunicación que permitan presentar ideas de manera clara y persuasiva, adaptando el mensaje a diferentes audiencias. El uso de historias y ejemplos concretos puede ayudar a ilustrar los beneficios de la transformación digital y a generar entusiasmo y compromiso entre los empleados.

## Gestión del Cambio

Una estrategia clave para ser un Catalizador Digital eficaz es la gestión del cambio. Esto involucra entender las dinámicas humanas y organizacionales que influyen en la adopción de nuevas tecnologías y procesos. El Catalizador Digital debe ser hábil en la identificación de resistencias y en la aplicación de tácticas para superarlas, como la participación activa de los empleados en el proceso de cambio y la celebración de pequeñas victorias a lo largo del camino.

## Otras lecturas

1. "Liderando la Transformación Digital: Un enfoque práctico"

Este libro ofrece una visión completa de cómo liderar la transformación digital en una organización. Proporciona una guía paso a paso sobre cómo implementar la transformación digital, con un enfoque en la gestión del cambio y la superación de la resistencia.

2. "El Arte de la Transformación Digital"

Este libro se centra en el aspecto humano de la transformación digital. Ofrece estrategias para gestionar el cambio, superar la resistencia y fomentar la adopción de nuevas tecnologías y procesos.

3. "Gestión del Cambio en la Era Digital"

Este libro proporciona una visión detallada de cómo gestionar el cambio en la era digital. Ofrece tácticas y estrategias para superar la resistencia y fomentar la adopción de nuevas tecnologías y procesos.

4. "El Catalizador Digital: Cómo liderar la transformación digital en tu organización"

Este libro ofrece una visión detallada del rol del Catalizador Digital en la transformación digital. Proporciona estrategias para ser un Catalizador Digital eficaz, con un enfoque en la gestión del cambio y la superación de la resistencia.

## Casos de Éxito de Catalizadores Digitales

### Líderes de la Industria

Existen numerosos casos de éxito de Catalizadores Digitales en líderes de la industria que han logrado transformar sus organizaciones y establecer nuevos estándares en sus sectores. Estos líderes han sido pioneros en la adopción de tecnologías emergentes, han redefinido la experiencia del cliente y han creado modelos de negocio innovadores que han revolucionado sus mercados.

### Lecciones Aprendidas

De estos casos de éxito se desprenden lecciones valiosas para cualquier Catalizador Digital. Entre ellas, la importancia de una visión clara y compartida, la necesidad de involucrar a todos los niveles de la organización en el proceso de transformación y la relevancia de medir y comunicar los resultados para generar confianza y apoyo continuo. Estos líderes también han demostrado que la flexibilidad y la capacidad de adaptación son esenciales para navegar los desafíos de la transformación digital.

## El Futuro del Rol del Catalizador Digital

### Tendencias Emergentes

El futuro del rol del Catalizador Digital está marcado por tendencias emergentes como la inteligencia artificial, el aprendizaje automático, la realidad aumentada y la Internet de las Cosas (IoT). Estas tecnologías están ampliando las posibilidades de la transformación digital y requieren que los Catalizadores Digitales estén constantemente aprendiendo y adaptándose para integrarlas en sus estrategias.

### Impacto en la Organización

El impacto del Catalizador Digital en la organización seguirá creciendo a medida que la transformación digital se convierta en una necesidad estratégica. Este rol será cada vez más influyente en la toma de decisiones y en la configuración de la cultura empresarial, liderando el camino hacia una mayor agilidad, innovación y competitividad en un mundo digitalizado.

## Relación entre el Catalizador Digital y la Metodología UTD

### Cómo el Catalizador Digital Facilita la Metodología UTD

El Catalizador Digital juega un papel crucial en la facilitación de la Metodología UTD (Transformación Digital Unificada), ya que su liderazgo y visión son fundamentales para integrar los principios y prácticas de esta metodología en la organización. Su capacidad para conectar la estrategia digital con los objetivos de negocio y para promover una cultura de innovación continua es esencial para el éxito de la UTD.

### Diferencias con Otros Roles

A diferencia de otros roles dentro de la organización, el Catalizador Digital tiene un enfoque único en la transformación digital y en la integración de la tecnología en todos los aspectos del negocio. Mientras que otros roles pueden centrarse en áreas específicas, como la tecnología de la información o el marketing, el Catalizador Digital tiene una perspectiva holística y estratégica que abarca toda la empresa.

## Resumen y Conclusiones

### Puntos Clave del Capítulo

En este capítulo, hemos explorado el rol del Catalizador Digital, destacando su importancia como agente de cambio en la era de la transformación digital. Hemos identificado sus principales responsabilidades, habilidades y competencias, así como los beneficios que aporta a las organizaciones, equipos y proyectos. También hemos discutido los desafíos que enfrenta y las estrategias para superarlos, junto con casos de éxito y tendencias emergentes que moldearán el futuro de este rol.

### Preguntas de Reflexión

1. ¿Cómo puede un Catalizador Digital superar la resistencia al cambio dentro de una organización?
2. ¿Qué estrategias de comunicación son más efectivas para promover la transformación digital?
3. ¿De qué manera la formación y el desarrollo continuo impactan en la eficacia del Catalizador Digital?

4. ¿Cuáles son los principales desafíos que enfrentará el Catalizador Digital en el futuro y cómo puede prepararse para ellos?

5. ¿Cómo puede la Metodología UTD beneficiarse de la presencia de un Catalizador Digital?

# EL ROL DEL ARQUITECTO DE PROCESOS

# CAPÍTULO 9: EL ROL DEL ARQUITECTO DE PROCESOS

## Definición del Arquitecto de Procesos

### Concepto del Arquitecto de Procesos

El Arquitecto de Procesos es un profesional clave en la transformación digital de una organización. Su labor consiste en diseñar, implementar y optimizar los procesos de negocio para que sean más eficientes, efectivos y alineados con las estrategias y objetivos corporativos. Este rol involucra un profundo conocimiento de las operaciones de la empresa y de cómo la tecnología puede ser utilizada para mejorarlas.

La arquitectura de procesos no se limita a la documentación de procedimientos; es una disciplina que combina elementos de ingeniería de procesos, gestión de calidad y estrategia empresarial. El Arquitecto de Procesos debe tener la capacidad de visualizar el panorama completo de la empresa y entender cómo cada proceso se interrelaciona dentro del ecosistema organizacional.

### Importancia del Arquitecto de Procesos

La importancia del Arquitecto de Procesos radica en su habilidad para identificar cuellos de botella, redundancias y oportunidades de mejora que pueden transformar radicalmente la manera en que una empresa opera. En un mundo donde la agilidad y la eficiencia son cruciales para mantener la competitividad, este rol se convierte en un facilitador clave para la innovación y la optimización continua.

Además, el Arquitecto de Procesos es fundamental para garantizar que las inversiones en tecnología se traduzcan en valor real para la empresa. A través de la estandarización y la mejora de procesos, este profesional ayuda a asegurar que los recursos se utilicen de manera óptima y que los resultados de la transformación digital sean sostenibles a largo plazo.

**Datos breves y estadísticas**

# EL IMPACTO DE UN ARQUITECTO DE PROCESOS

Reducción de costos: Según un estudio de la consultora McKinsey, las empresas que implementan una arquitectura de procesos efectiva pueden reducir sus costos operativos en un 15-20%.

Mejora de la eficiencia: Un informe de Gartner indica que las organizaciones que cuentan con un Arquitecto de Procesos experimentan un aumento de la eficiencia operativa de hasta un 30%.

Incremento de la agilidad: Según Forrester Research, las empresas que adoptan una arquitectura de procesos ágil pueden responder a los cambios del mercado hasta un 50% más rápido que sus competidores.

# LA IMPORTANCIA DE LA TRANSFORMACIÓN DIGITAL

- Adopción de tecnología: Según un estudio de IDC, el 85% de las empresas consideran que la transformación digital es importante para su supervivencia.
- Inversión en transformación digital: De acuerdo con Statista, se espera que el gasto global en transformación digital alcance los 2.3 trillones de dólares para 2023.
- Impacto en el empleo: Según el World Economic Forum, la transformación digital podría crear hasta 133 millones de nuevos empleos a nivel mundial para 2022.

## Responsabilidades del Arquitecto de Procesos

### Diseño y Optimización de Procesos

El diseño y la optimización de procesos son la piedra angular de las responsabilidades del Arquitecto de Procesos. Esto implica analizar los procesos actuales, identificar áreas de mejora y diseñar soluciones que incrementen la eficiencia y la calidad. La optimización puede incluir la automatización de tareas, la reingeniería de procesos o la implementación de nuevas tecnologías.

Este rol requiere un enfoque sistemático y analítico para descomponer los procesos en sus componentes fundamentales, evaluar su rendimiento y recomendar mejoras basadas en datos y mejores prácticas de la industria.

**Gestión de Proyectos**

La gestión de proyectos es otra responsabilidad crítica del Arquitecto de Procesos. Debe ser capaz de liderar proyectos de transformación de procesos desde la concepción hasta la implementación, asegurando que se cumplan los plazos, presupuestos y objetivos establecidos. Esto incluye la coordinación de recursos, la gestión de riesgos y la comunicación efectiva con todas las partes interesadas.

**Coordinación con Otros Roles**

La naturaleza interdisciplinaria del trabajo del Arquitecto de Procesos implica una estrecha colaboración con otros roles dentro de la organización, como líderes de negocio, equipos de TI, analistas de datos y especialistas en calidad. Esta coordinación es esencial para asegurar que los procesos rediseñados estén alineados con las necesidades y capacidades de la organización.

**Formación y Desarrollo**

Parte de las responsabilidades del Arquitecto de Procesos incluye la formación y el desarrollo de otros empleados en la organización. Debe ser un agente de cambio que promueva la adopción de nuevas prácticas y tecnologías, y capacite al personal para que comprendan y se involucren en los procesos mejorados.

## Habilidades y Competencias del Arquitecto de Procesos

### Habilidades Técnicas

Las habilidades técnicas son fundamentales para el Arquitecto de Procesos. Debe tener conocimientos avanzados en metodologías de mapeo y modelado de procesos, como BPMN (Business Process Model and Notation) y UML (Unified Modeling Language). Además, debe estar familiarizado con herramientas de software específicas para la gestión y automatización de procesos, así como tener una sólida comprensión de los sistemas de información empresariales.

### Habilidades de Liderazgo

El liderazgo es clave para guiar a los equipos a través de la transformación de procesos. El Arquitecto de Procesos debe ser capaz de motivar, influir y dirigir a otros, fomentando un ambiente de trabajo colaborativo y enfocado en la consecución de objetivos comunes.

### Habilidades de Comunicación

Una comunicación efectiva es esencial para el Arquitecto de Procesos, tanto para la interacción con los stakeholders como para la documentación y presentación de los procesos. Debe ser capaz de explicar conceptos técnicos de manera clara y persuasiva, y de construir relaciones sólidas con todas las áreas de la empresa.

### Habilidades de Gestión de Proyectos

La gestión de proyectos es una competencia crítica, ya que el Arquitecto de Procesos a menudo liderará iniciativas de cambio. Debe tener la capacidad de planificar, ejecutar y monitorear proyectos, asegurando que se cumplan los objetivos y se manejen eficientemente los recursos.

## Beneficios del Rol del Arquitecto de Procesos

### Para las Organizaciones

Las organizaciones se benefician del rol del Arquitecto de Procesos a través de la mejora en la eficiencia operativa, la reducción de costos y la capacidad de adaptarse rápidamente a los cambios del mercado. La estandarización y optimización de procesos lleva a una mejor calidad de servicio y a una mayor satisfacción del cliente.

### Para los Equipos

Los equipos de trabajo experimentan una mayor claridad y comprensión de sus roles y responsabilidades gracias a los procesos bien definidos y optimizados. Esto se traduce en un mejor ambiente de trabajo, mayor productividad y una colaboración más efectiva.

### Para los Proyectos

Los proyectos se benefician de la participación del Arquitecto de Procesos al asegurar que los entregables estén alineados con los objetivos estratégicos de la empresa y que se implementen de manera eficiente y efectiva. La gestión de proyectos basada en procesos optimizados contribuye a la entrega a tiempo y dentro del presupuesto.

**Piensa y reflexiona**

El papel del Arquitecto de Procesos en la Transformación Digital

La transformación digital no es solo acerca de la tecnología, sino también de cómo las organizaciones cambian sus procesos y operaciones para aprovechar las oportunidades que la tecnología ofrece. En este contexto, el Arquitecto de Procesos juega un papel crucial.

Imagina que eres un Arquitecto de Procesos en una empresa que está pasando por una transformación digital. ¿Cómo podrías asegurarte de que los proyectos de transformación digital estén alineados con los objetivos estratégicos de la empresa? ¿Cómo podrías utilizar tus habilidades para garantizar que los proyectos se implementen de manera eficiente y efectiva?

Además, piensa en cómo podrías utilizar la metodología UTD para ayudar a tu empresa a navegar por el proceso de transformación digital. ¿Qué herramientas y técnicas podrías utilizar para asegurarte de que los proyectos se entreguen a tiempo y dentro del presupuesto?

Finalmente, reflexiona sobre cómo tu papel como Arquitecto de Procesos podría cambiar a medida que la empresa se transforma digitalmente. ¿Qué nuevas habilidades y conocimientos podrías necesitar para seguir siendo efectivo en tu papel?

## Desafíos del Rol del Arquitecto de Procesos

**Complejidad de los Procesos**

Uno de los desafíos más significativos para el Arquitecto de Procesos es manejar la complejidad inherente a los procesos de negocio, especialmente en organizaciones grandes y multifacéticas. Debe ser capaz de simplificar y racionalizar procesos sin perder de vista las necesidades y objetivos de la empresa.

**Gestión de Expectativas**

La gestión de expectativas es crucial, ya que los stakeholders pueden tener diferentes visiones sobre lo que se debe lograr con la transformación de procesos. El Arquitecto de Procesos debe equilibrar estas expectativas y comunicar claramente lo que es realista y alcanzable.

**Mantenerse al Día con las Tendencias Tecnológicas**

El campo de la tecnología está en constante evolución, y mantenerse actualizado con las últimas tendencias y herramientas es un desafío constante. El Arquitecto de Procesos debe estar siempre aprendiendo y adaptándose para incorporar las mejores y más eficientes soluciones tecnológicas en los procesos de negocio.

## Estrategias para Ser un Arquitecto de Procesos Eficaz

**Desarrollo Continuo**

Para ser eficaz, el Arquitecto de Procesos debe comprometerse con el desarrollo profesional continuo. Esto incluye la actualización constante de sus conocimientos técnicos, la participación en conferencias y talleres, y la obtención de certificaciones relevantes en la industria.

**Comunicación Efectiva**

Desarrollar habilidades de comunicación efectiva es esencial para transmitir la visión de los procesos optimizados y para involucrar a todos los miembros de la organización en la transformación digital. Esto incluye la habilidad de escuchar y responder a las preocupaciones de los stakeholders.

## Gestión del Cambio

La gestión del cambio es una estrategia clave para superar la resistencia y promover la adopción de nuevos procesos. El Arquitecto de Procesos debe trabajar en estrecha colaboración con los líderes de la organización para desarrollar un plan de cambio que incluya comunicación, formación y apoyo continuo.

## Casos de Éxito de Arquitectos de Procesos

### Líderes de la Industria

Los líderes de la industria que han implementado con éxito la arquitectura de procesos demuestran cómo este rol puede transformar una organización. Empresas como Toyota, con su sistema de producción lean, y Amazon, con su enfoque en la eficiencia logística, son ejemplos de cómo la optimización de procesos puede llevar a una ventaja competitiva significativa.

### Lecciones Aprendidas

De estos casos de éxito se pueden extraer lecciones valiosas, como la importancia de una visión clara, el compromiso de la alta dirección y la necesidad de una cultura que apoye la mejora continua. También se destaca la relevancia de medir el rendimiento y utilizar los datos para tomar decisiones informadas.

**Otras lecturas**

Para profundizar en el papel del Arquitecto de Procesos y su importancia en la transformación digital, se recomiendan las siguientes lecturas:

1. "Business Process Change: A Business Process Management Guide for Managers and Process Professionals" por Paul Harmon. Este libro ofrece una visión completa de los métodos y técnicas necesarios para transformar organizaciones a través de los procesos.

2. "The Process Architect: The Smart Role in Business Process Management" por Roger Burlton. Este libro proporciona una visión detallada del papel del arquitecto de procesos y cómo puede ayudar a las organizaciones a alcanzar sus objetivos estratégicos.

3. "Process-Centric Architecture for Enterprise Software Systems" por Parameswaran Seshan. Este libro ofrece una visión técnica de cómo diseñar y implementar una arquitectura de procesos eficaz.

Estas lecturas proporcionarán una comprensión más profunda de la función del Arquitecto de Procesos y cómo este rol es fundamental en la transformación digital.

## El Futuro del Rol del Arquitecto de Procesos

**Tendencias Emergentes**

Las tendencias emergentes, como la inteligencia artificial, el aprendizaje automático y la robótica de procesos, están redefiniendo el rol del Arquitecto de Procesos. Estas tecnologías ofrecen nuevas oportunidades para la automatización y la optimización de procesos que antes eran impensables.

**Impacto en la Organización**

El impacto de estas tendencias en la organización será profundo, ya que permitirán una mayor personalización de los servicios, una toma de decisiones más rápida y una eficiencia operativa sin precedentes. El Arquitecto de Procesos será aún más crucial para integrar estas tecnologías en la estrategia de negocio de la empresa.

**¿Sabías?**

El Arquitecto de Procesos no es solo un rol técnico, sino también un rol estratégico. Este profesional no solo se encarga de diseñar y optimizar los procesos de negocio, sino que también debe ser capaz de entender las necesidades del negocio y traducirlas en soluciones tecnológicas.

Además, el Arquitecto de Procesos juega un papel crucial en la transformación digital de las organizaciones. Este profesional es el encargado de liderar la implementación de nuevas tecnologías y metodologías, como la automatización de procesos, la inteligencia artificial y el análisis de datos, para mejorar la eficiencia y la competitividad de la empresa.

Por último, el Arquitecto de Procesos debe tener habilidades de liderazgo y comunicación, ya que debe trabajar en estrecha colaboración con diferentes equipos y stakeholders para implementar cambios y mejoras en los procesos de negocio.

# Relación entre el Arquitecto de Procesos y la Metodología UTD

## Cómo el Arquitecto de Procesos Facilita la Metodología UTD

El Arquitecto de Procesos juega un papel fundamental en la Metodología UTD (Unidad de Transformación Digital), ya que es el encargado de diseñar los procesos que soportarán la transformación digital. Su enfoque en la eficiencia y la efectividad es esencial para asegurar que la metodología se implemente con éxito y genere los resultados esperados.

**Diferencias con Otros Roles**

A diferencia de otros roles involucrados en la transformación digital, el Arquitecto de Procesos se centra específicamente en los procesos de negocio y en cómo pueden ser mejorados o transformados para soportar los objetivos estratégicos. Mientras que otros roles pueden enfocarse en la tecnología o en la gestión del cambio, el Arquitecto de Procesos es el experto en la eficiencia y la optimización de los procesos.

## Resumen y Conclusiones

**Puntos Clave del Capítulo**

Este capítulo ha explorado el rol del Arquitecto de Procesos, destacando su importancia en la transformación digital de las organizaciones. Hemos discutido las responsabilidades, habilidades y desafíos asociados con este rol, así como las estrategias para ser efectivos y los beneficios que aportan a las organizaciones, equipos y proyectos. También hemos examinado casos de éxito y contemplado el futuro del rol en el contexto de las tendencias emergentes.

**Preguntas de Reflexión**

1. ¿Cómo puede un Arquitecto de Procesos equilibrar la necesidad de estandarización con la flexibilidad requerida para adaptarse a los cambios del mercado?
2. ¿De qué manera la inteligencia artificial y el

aprendizaje automático pueden influir en el diseño de procesos en el futuro?

3. ¿Qué estrategias pueden utilizar los Arquitectos de Procesos para promover una cultura de mejora continua en sus organizaciones?

# EL ROL DEL GUÍA DE CONOCIMIENTO DIGITAL

# CAPÍTULO 10: EL ROL DEL GUÍA DE CONOCIMIENTO DIGITAL

## Definición del Guía de Conocimiento Digital

### Concepto del Guía de Conocimiento Digital

El Guía de Conocimiento Digital es una figura emergente en el panorama de la transformación digital. Este rol implica ser el faro y el facilitador dentro de una organización para asegurar que el conocimiento digital sea adquirido, compartido y utilizado de manera efectiva. El Guía de Conocimiento Digital no solo posee un profundo entendimiento de las tecnologías digitales y su aplicación, sino que también tiene la habilidad de enseñar, guiar y motivar a otros en la adopción de estas herramientas.

### Importancia del Guía de Conocimiento Digital

La importancia del Guía de Conocimiento Digital radica en su capacidad para cerrar la brecha entre la tecnología y las personas. En un mundo donde la tecnología avanza a un ritmo vertiginoso, es crucial contar con un profesional que pueda interpretar las tendencias digitales y traducirlas en estrategias de aprendizaje y desarrollo para toda la organización. Este rol es esencial para fomentar una cultura de aprendizaje continuo y para asegurar que todos los miembros de la empresa estén alineados con los objetivos de la transformación digital.

## Responsabilidades del Guía de Conocimiento Digital

### Formación y Desarrollo

Una de las principales responsabilidades del Guía de Conocimiento Digital es la formación y el desarrollo de los empleados en habilidades digitales. Esto incluye la creación de programas de capacitación, talleres y recursos de aprendizaje que permitan a los trabajadores adquirir y mejorar sus competencias digitales. La formación debe ser continua y adaptarse a las necesidades cambiantes de la organización y del mercado.

### Gestión del Conocimiento

La gestión del conocimiento es otro pilar fundamental en las responsabilidades de este rol. El Guía de Conocimiento Digital debe asegurarse de que el conocimiento generado dentro de la organización sea capturado, organizado y compartido de manera efectiva. Esto implica la creación de bases de datos, sistemas de gestión del conocimiento y comunidades de práctica que faciliten el intercambio de información y experiencias entre los empleados.

### Coordinación con Otros Roles

El Guía de Conocimiento Digital debe trabajar en estrecha colaboración con otros roles dentro de la organización, como los líderes de proyecto, los arquitectos de procesos y los guardianes de la seguridad digital. Esta coordinación es esencial para garantizar que las estrategias de conocimiento y aprendizaje estén alineadas con los objetivos generales de la empresa y que se aprovechen sinergias entre diferentes áreas.

### Promoción de la Cultura Digital

Promover una cultura digital positiva es una responsabilidad clave del Guía de Conocimiento Digital. Esto involucra no solo la adopción de herramientas digitales, sino también la promoción de valores como la innovación, la colaboración y la apertura al cambio. El Guía debe ser un modelo a seguir y un agente de cambio que inspire a los demás a embarcarse en el viaje de la transformación digital.

## Habilidades y Competencias del Guía de Conocimiento Digital

### Habilidades Técnicas

Las habilidades técnicas son fundamentales para el Guía de Conocimiento Digital. Debe tener un conocimiento profundo de las últimas tecnologías, herramientas y plataformas digitales. Esto incluye desde software de gestión de proyectos hasta plataformas de aprendizaje en línea y herramientas de colaboración. Su competencia técnica le permite no solo utilizar estas herramientas, sino también evaluar su eficacia y recomendar las más adecuadas para cada necesidad de la organización.

### Habilidades de Liderazgo

El liderazgo es una competencia crítica para este rol. El Guía de Conocimiento Digital debe ser capaz de liderar por ejemplo, fomentando una cultura de aprendizaje y experimentación. Debe tener la capacidad de influir en otros y movilizar a la organización hacia los objetivos de la transformación digital. Esto requiere una combinación de visión estratégica y la habilidad para ejecutar planes de acción concretos.

### Habilidades de Comunicación

Una comunicación efectiva es esencial para el Guía de Conocimiento Digital. Debe ser capaz de comunicar conceptos técnicos complejos de manera clara y comprensible para todos los niveles de la organización. Además, debe saber escuchar y entender las necesidades y preocupaciones de los empleados para poder ofrecer soluciones y formación personalizadas.

### Habilidades de Gestión del Conocimiento

La habilidad para gestionar el conocimiento es otro componente clave de este rol. El Guía debe saber cómo capturar, organizar y compartir el conocimiento dentro de la organización. Esto incluye la habilidad para crear y mantener sistemas de gestión del conocimiento, así como para fomentar una cultura de compartir y colaboración.

## Beneficios del Rol del Guía de Conocimiento Digital

### Para las Organizaciones

Las organizaciones que cuentan con un Guía de Conocimiento Digital pueden esperar una serie de beneficios. Estos incluyen una mayor eficiencia en los procesos, una mejor toma de decisiones basada en datos y conocimiento, y una mayor capacidad de innovación. Además, una fuerza laboral bien capacitada y alineada con las estrategias digitales es un activo valioso en el mercado competitivo actual.

### Para los Equipos

Los equipos se benefician de la presencia de un Guía de Conocimiento Digital a través de una mejor colaboración y comunicación. La formación y el desarrollo continuos ayudan a los equipos a mantenerse actualizados con las últimas tecnologías y prácticas, lo que a su vez mejora la calidad del trabajo y la satisfacción laboral.

### Para los Proyectos

En el contexto de proyectos, el Guía de Conocimiento Digital puede desempeñar un papel crucial en asegurar que se utilicen las mejores prácticas y que el conocimiento generado sea reutilizado en futuros proyectos. Esto conduce a una mayor eficacia en la gestión de proyectos y a la entrega de resultados que cumplen o superan las expectativas.

## Desafíos del Rol del Guía de Conocimiento Digital

### Gestión de la Información

Uno de los desafíos más significativos para el Guía de Conocimiento Digital es la gestión de la información en un entorno donde el volumen de datos crece exponencialmente. Debe ser capaz de identificar qué información es relevante y cómo organizarla y presentarla de manera que sea accesible y útil para la organización.

### Gestión de Expectativas

La gestión de expectativas es otro desafío importante. El Guía de Conocimiento Digital debe equilibrar las demandas de los empleados, que buscan desarrollo y capacitación, con los objetivos estratégicos de la organización. Esto requiere habilidades de negociación y la capacidad para establecer prioridades claras.

### Mantenerse al Día con las Tendencias Tecnológicas

Mantenerse actualizado con las tendencias tecnológicas es un desafío constante debido a la velocidad a la que evoluciona el campo digital. El Guía debe dedicar tiempo y recursos para la investigación y el aprendizaje continuo, con el fin de proporcionar la orientación más actual y relevante posible.

### Frases famosas

"La tecnología es solo una herramienta. En términos de hacer que los niños trabajen juntos y motivarlos, el profesor es el más importante." - Bill Gates

"La tecnología, como el arte, es una elevación del espíritu humano. El hombre es impulsado por la tecnología tanto como por su deseo de explorar el mundo." - Steve Jobs

"El verdadero peligro no es que las computadoras comenzarán a pensar como los hombres, sino que los hombres comenzarán a pensar como las computadoras." - Sydney J. Harris

"La tecnología no es nada. Lo importante es que tengas fe en la gente, que sean básicamente buenas e inteligentes, y si les das herramientas, harán cosas maravillosas con ellas." - Steve Jobs

"La innovación distingue a un líder de un seguidor." - Steve Jobs

## Estrategias para Ser un Guía de Conocimiento Digital Eficaz

### Desarrollo Continuo

Una estrategia clave para ser un Guía de Conocimiento Digital eficaz es el compromiso con el desarrollo personal y profesional continuo. Esto incluye la participación en conferencias, seminarios web, cursos en línea y otras oportunidades de aprendizaje que permitan mantenerse al frente de las tendencias y prácticas emergentes.

### Comunicación Efectiva

La comunicación efectiva es esencial para transmitir el valor del conocimiento digital y para motivar a los empleados a participar en iniciativas de aprendizaje. El Guía debe ser capaz de adaptar su comunicación a diferentes audiencias y utilizar una variedad de medios y plataformas para llegar a toda la organización.

### Gestión del Cambio

La gestión del cambio es una parte integral de la estrategia para ser un Guía de Conocimiento Digital eficaz. Esto implica entender las dinámicas de cambio dentro de la organización y desarrollar planes que faciliten la transición hacia prácticas y tecnologías digitales. La gestión del cambio también incluye la preparación de los empleados para los desafíos que puedan surgir y el apoyo continuo durante el proceso de transformación.

## Casos de Éxito de Guías de Conocimiento Digital

### Líderes de la Industria

Hay numerosos casos de éxito de Guías de Conocimiento Digital en la industria. Estos líderes han sido capaces de transformar sus organizaciones fomentando una cultura de aprendizaje y adaptabilidad. Han implementado estrategias innovadoras de gestión del conocimiento y han utilizado la tecnología para mejorar la eficiencia y la colaboración.

### Lecciones Aprendidas

De estos casos de éxito se pueden extraer lecciones valiosas. Una de las principales es que la clave del éxito radica en la capacidad de alinear las iniciativas de conocimiento digital con los objetivos estratégicos de la organización. Además, la flexibilidad y la capacidad de adaptarse a las necesidades cambiantes de los empleados y de la industria son esenciales para mantener la relevancia y la eficacia del rol.

### ¿Sabías?

La transformación digital no es solo acerca de la tecnología. Aunque la tecnología juega un papel crucial, la transformación digital es en realidad un cambio cultural que requiere que las organizaciones desafíen continuamente el status quo, experimenten a menudo, y se sientan cómodas con el fracaso. Esto a veces puede significar alejarse de procesos de larga data que las empresas han utilizado durante años, pero que ya no sirven a su propósito.

Además, el guía de conocimiento digital es un rol que ha surgido en los últimos años debido a la creciente importancia de la transformación digital. Este rol es esencial para ayudar a las organizaciones a navegar por el complejo panorama digital y a aprovechar las oportunidades que ofrece la tecnología digital.

Finalmente, la alineación estratégica es un factor clave para el éxito de cualquier iniciativa de transformación digital. Sin una alineación clara entre las iniciativas de transformación digital y los objetivos estratégicos de la organización, es probable que estas iniciativas no tengan el impacto deseado.

## El Futuro del Rol del Guía de Conocimiento Digital

### Tendencias Emergentes

El futuro del Guía de Conocimiento Digital está marcado por varias tendencias emergentes, como el aprendizaje automático, la inteligencia artificial y la analítica avanzada. Estas tecnologías ofrecen nuevas oportunidades para personalizar el aprendizaje y para analizar y utilizar grandes volúmenes de datos de manera más efectiva.

### Impacto en la Organización

Estas tendencias tendrán un impacto significativo en las organizaciones, permitiendo una gestión del conocimiento más sofisticada y una toma de decisiones basada en datos. El Guía de Conocimiento Digital será aún más importante para ayudar a las organizaciones a navegar por estas nuevas tecnologías y para asegurar que los empleados estén preparados para utilizarlas de manera efectiva.

### Piensa y reflexiona

El papel del Guía de Conocimiento Digital en tu organización

Imagina que eres el Guía de Conocimiento Digital en tu organización. ¿Cómo te prepararías para manejar las nuevas tecnologías y asegurar que los empleados estén listos para utilizarlas de manera efectiva?

1. Identifica las nuevas tecnologías que podrían tener un impacto significativo en tu organización.
2. Investiga cómo estas tecnologías podrían ser

utilizadas en tu organización.

3. Desarrolla un plan de formación para los empleados sobre cómo utilizar estas tecnologías de manera efectiva.

El impacto de las nuevas tecnologías en la toma de decisiones

Considera cómo las nuevas tecnologías podrían cambiar la forma en que se toman las decisiones en tu organización. ¿Cómo podrías utilizar los datos para tomar decisiones más informadas?

- Considera cómo los datos podrían ser utilizados para identificar tendencias y patrones.
- Reflexiona sobre cómo los datos podrían ser utilizados para predecir el futuro rendimiento de la organización.
- Piensa en cómo los datos podrían ser utilizados para mejorar la eficiencia y la eficacia de la organización.

## Relación entre el Guía de Conocimiento Digital y la Metodología UTD

### Cómo el Guía de Conocimiento Digital Facilita la Metodología UTD

El Guía de Conocimiento Digital es un facilitador clave en la implementación de la Metodología UTD. A través de su trabajo en la formación y el desarrollo, la gestión del conocimiento y la promoción de una cultura digital, el Guía ayuda a las organizaciones a adoptar y adaptarse a los principios y prácticas de la Metodología UTD.

### Diferencias con Otros Roles

A diferencia de otros roles dentro de la transformación digital, el Guía de Conocimiento Digital se centra específicamente en el conocimiento y el aprendizaje. Mientras que otros roles pueden estar más enfocados en la implementación técnica o la gestión de proyectos, el Guía se dedica a asegurar que el conocimiento sea un recurso compartido y aprovechado en toda la organización.

## Resumen y Conclusiones

### Puntos Clave del Capítulo

En este capítulo, hemos explorado el rol del Guía de Conocimiento Digital, destacando su importancia en la era de la transformación digital. Hemos discutido sus responsabilidades, habilidades y competencias, así como los beneficios y desafíos asociados con este rol. Las estrategias para ser un Guía de Conocimiento Digital eficaz, los casos de éxito y las tendencias emergentes también han sido analizadas para proporcionar una visión completa de este papel fundamental.

### Preguntas de Reflexión

1. ¿Cómo puede un Guía de Conocimiento Digital equilibrar la necesidad de innovación con la gestión de riesgos asociados con la adopción de nuevas tecnologías?

2. ¿De qué manera la función del Guía de Conocimiento Digital cambia en diferentes tipos de organizaciones, como startups frente a empresas establecidas?

3. ¿Qué estrategias específicas puede implementar un Guía de Conocimiento Digital para fomentar una cultura de aprendizaje continuo en una organización?

# EL ROL DEL GUARDIÁN DE LA SEGURIDAD DIGITAL

# CAPÍTULO 11: EL ROL DEL GUARDIÁN DE LA SEGURIDAD DIGITAL

## Definición del Guardián de la Seguridad Digital

### Concepto del Guardián de la Seguridad Digital

El Guardián de la Seguridad Digital es una figura clave dentro de las organizaciones que se encarga de salvaguardar la integridad, la confidencialidad y la disponibilidad de los datos y sistemas informáticos. Este rol involucra la implementación de políticas de seguridad, la gestión de herramientas de protección y la respuesta a incidentes de seguridad. El Guardián de la Seguridad Digital es el responsable de construir un entorno seguro en el que la información corporativa esté protegida contra amenazas internas y externas.

### Importancia del Guardián de la Seguridad Digital

La importancia del Guardián de la Seguridad Digital radica en su papel preventivo y reactivo frente a los desafíos de seguridad que enfrentan las organizaciones en la era digital. Con la creciente sofisticación de los ataques cibernéticos y el aumento en la regulación de la protección de datos, la figura del Guardián de la Seguridad Digital se vuelve indispensable para asegurar la continuidad del negocio y la confianza de los clientes y socios comerciales.

**¿Sabías?**

El primer virus informático fue creado en 1983 por un estudiante de la Universidad del Sur de California llamado Fred Cohen. Este virus fue diseñado como un experimento para demostrar la posibilidad de un programa de software autoreplicante. Aunque no fue malicioso, este experimento sentó las bases para el desarrollo de futuros ataques cibernéticos.

El costo de los ciberataques es asombroso. Según un informe de Cybersecurity Ventures, se espera que el daño relacionado con los delitos cibernéticos cueste al mundo $6 trillones anualmente para 2021. Esto es más que el producto interno bruto de la mayoría de los países.

La ciberseguridad no solo es responsabilidad del Guardián de la Seguridad Digital. Todos los miembros de una organización deben estar conscientes de las mejores prácticas de seguridad digital para proteger la información y los sistemas de la empresa.

## Responsabilidades del Guardián de la Seguridad Digital

### Gestión de la Seguridad Digital

La gestión de la seguridad digital abarca la supervisión de la infraestructura tecnológica de la empresa para protegerla de amenazas. Esto incluye la administración de firewalls, sistemas de detección de intrusiones, antivirus y otras herramientas de seguridad. Además, el Guardián debe estar al tanto de las últimas vulnerabilidades y asegurarse de que todos los sistemas estén actualizados y parcheados adecuadamente.

### Formación y Desarrollo

Parte de las responsabilidades del Guardián de la Seguridad Digital es educar y capacitar a los empleados en buenas prácticas de seguridad. Esto involucra desarrollar programas de formación que aborden temas como la gestión de contraseñas, el reconocimiento de intentos de phishing y la importancia de mantener la seguridad de los datos.

**Coordinación con Otros Roles**

El Guardián de la Seguridad Digital debe trabajar en estrecha colaboración con otros departamentos, como TI, legal y recursos humanos, para garantizar que las políticas de seguridad sean comprendidas y aplicadas en toda la organización. Esta coordinación es vital para crear una cultura de seguridad y para la respuesta efectiva ante incidentes.

**Promoción de la Cultura de Seguridad**

Fomentar una cultura de seguridad dentro de la empresa es esencial para minimizar los riesgos de seguridad. El Guardián debe liderar con el ejemplo y promover la importancia de la seguridad digital a todos los niveles de la organización, asegurando que se convierta en una prioridad empresarial.

**Otras lecturas**

# LIBROS RECOMENDADOS PARA PROFUNDIZAR EN LA SEGURIDAD DIGITAL

Si estás interesado en aprender más sobre la seguridad digital y cómo puedes desempeñar un papel activo en la protección de tu organización, aquí te presentamos algunos libros que podrían ser de tu interés:

1. "Ciberseguridad para Dummies" por Joseph Steinberg. Este libro es una excelente introducción a la ciberseguridad, cubriendo conceptos básicos y proporcionando consejos prácticos para proteger la información digital.

2. "La Guía Completa para la Seguridad de la Red" por Michael E. Whitman y Herbert J. Mattord. Este libro es una guía exhaustiva que cubre todos los aspectos de la seguridad de la red, desde la prevención de amenazas hasta la respuesta a incidentes.

3. "Hacking: El Arte de la Explotación" por Jon Erickson. Este libro ofrece una perspectiva única sobre la ciberseguridad, explorando las técnicas

utilizadas por los hackers para explotar las vulnerabilidades de seguridad.

# ARTÍCULOS Y BLOGS RECOMENDADOS

Además de los libros, también hay una gran cantidad de recursos en línea disponibles para aquellos interesados en la seguridad digital. Aquí hay algunos blogs y artículos que podrían ser de tu interés:

- "El estado de la ciberseguridad 2021" en el blog de Symantec. Este artículo ofrece una visión actualizada de las tendencias y amenazas en la ciberseguridad.
- "10 pasos para mejorar la seguridad de la red" en el blog de Cisco. Este artículo proporciona consejos prácticos para mejorar la seguridad de la red en tu organización.
- "Cómo construir una cultura de seguridad en tu organización" en el blog de Infosec. Este artículo ofrece consejos sobre cómo fomentar una cultura de seguridad en tu organización.

## Habilidades y Competencias del Guardián de la Seguridad Digital

### Habilidades Técnicas

Las habilidades técnicas son fundamentales para el Guardián de la Seguridad Digital. Debe tener conocimientos profundos en sistemas de seguridad, redes, criptografía y análisis de riesgos. Además, es crucial que esté actualizado con las últimas tendencias y herramientas de seguridad cibernética.

**Habilidades de Liderazgo**

El liderazgo es clave para influir y motivar a otros a seguir las mejores prácticas de seguridad. El Guardián debe ser capaz de dirigir equipos, tomar decisiones críticas en situaciones de crisis y establecer la dirección estratégica de la seguridad en la organización.

**Habilidades de Comunicación**

Una comunicación efectiva es esencial para explicar conceptos técnicos de seguridad a una audiencia no técnica, así como para informar a la dirección sobre los riesgos y las estrategias de mitigación. El Guardián debe ser capaz de comunicarse claramente tanto por escrito como oralmente.

**Habilidades de Gestión de la Seguridad**

La gestión de la seguridad involucra la capacidad de desarrollar e implementar políticas y procedimientos de seguridad, realizar evaluaciones de riesgos y manejar incidentes de seguridad. Estas habilidades son cruciales para mantener la integridad de la infraestructura digital de la empresa.

## Beneficios del Rol del Guardián de la Seguridad Digital

### Para las Organizaciones

Las organizaciones se benefician de tener un Guardián de la Seguridad Digital al contar con una mejor protección contra amenazas cibernéticas, lo que reduce el riesgo de violaciones de datos y sus consecuencias asociadas, como multas regulatorias y daño a la reputación.

### Para los Equipos

Los equipos de trabajo se benefician de la presencia de un Guardián de la Seguridad Digital al tener un punto de referencia claro para cuestiones de seguridad, lo que ayuda a mantener un ambiente de trabajo seguro y protegido.

### Para los Proyectos

Los proyectos se benefician de la incorporación de prácticas de seguridad desde su inicio, lo que ayuda a evitar retrasos y costos adicionales asociados con la corrección de problemas de seguridad en etapas tardías del desarrollo.

## Desafíos del Rol del Guardián de la Seguridad Digital

### Gestión de Riesgos

La gestión de riesgos es un desafío constante, ya que el Guardián debe estar siempre alerta ante nuevas amenazas y vulnerabilidades, y preparado para actualizar las estrategias de seguridad en consecuencia.

### Gestión de Expectativas

El Guardián de la Seguridad Digital debe manejar las expectativas de la dirección y los empleados, equilibrando la necesidad de seguridad con la operatividad y la innovación dentro de la empresa.

## Mantenerse al Día con las Tendencias de Seguridad

Mantenerse actualizado con las tendencias de seguridad es vital, pero puede ser abrumador debido al ritmo acelerado de cambio en el campo de la ciberseguridad. El Guardián debe dedicar tiempo y recursos para la formación continua y la investigación.

## Estrategias para Ser un Guardián de la Seguridad Digital Eficaz

### Desarrollo Continuo

El desarrollo profesional continuo es esencial para mantenerse al día con las habilidades y conocimientos necesarios para proteger a la organización. Esto puede incluir la obtención de certificaciones, asistir a conferencias y participar en comunidades de seguridad.

### Comunicación Efectiva

Desarrollar habilidades de comunicación efectiva es crucial para explicar los riesgos y las necesidades de seguridad a todas las partes interesadas de la empresa, desde la alta dirección hasta el personal técnico y no técnico.

### Gestión del Cambio

Implementar una gestión del cambio efectiva es fundamental para asegurar que las políticas y procedimientos de seguridad sean adoptados por toda la organización. Esto incluye la sensibilización y la formación de los empleados, así como la gestión de la resistencia al cambio.

## Casos de Éxito de Guardianes de la Seguridad Digital

### Líderes de la Industria

Los líderes de la industria a menudo sirven como ejemplos de cómo los Guardianes de la Seguridad Digital pueden impactar positivamente en una organización. Estos casos de éxito demuestran la efectividad de estrategias de seguridad bien implementadas y la importancia de un liderazgo fuerte en este campo.

**Lecciones Aprendidas**

De los casos de éxito se pueden extraer lecciones valiosas, como la importancia de una respuesta rápida a incidentes de seguridad, la necesidad de una formación continua y la ventaja de mantener una comunicación abierta sobre las amenazas y estrategias de seguridad.

## El Futuro del Rol del Guardián de la Seguridad Digital

**Tendencias Emergentes**

Las tendencias emergentes en seguridad digital, como la inteligencia artificial en la detección de amenazas y la seguridad en la nube, están moldeando el futuro del rol del Guardián de la Seguridad Digital. Estos avances prometen mejorar la capacidad de las organizaciones para prevenir y responder a incidentes de seguridad.

**Impacto en la Organización**

El impacto de estas tendencias en la organización será significativo, ya que permitirán una mejor adaptación a los cambiantes paisajes de amenazas y una mayor eficiencia en la gestión de la seguridad digital.

**Frases famosas**

"La confianza en la seguridad de Internet es indispensable para su éxito." - Bill Gates

"La seguridad en la red no es un producto, sino un proceso." -

Bruce Schneier

- "La seguridad no es la ausencia de peligro, sino la presencia de Dios, no importa lo que esté pasando." - Corrie Ten Boom
- "La seguridad es más que una cuestión de IT." - Stephane Nappo
- "La seguridad es siempre excesiva hasta que es insuficiente." - Robbie Sinclair

"La seguridad no es un producto, sino un proceso." - Bruce Schneier

"La seguridad es una carrera sin línea de meta." - Cyber Saying

## Relación entre el Guardián de la Seguridad Digital y la Metodología UTD

### Cómo el Guardián de la Seguridad Digital Facilita la Metodología UTD

El Guardián de la Seguridad Digital juega un papel crucial en la facilitación de la Metodología UTD, asegurando que los procesos de transformación digital sean seguros y estén libres de vulnerabilidades que puedan comprometer los resultados.

### Diferencias con Otros Roles

A diferencia de otros roles dentro de la metodología UTD, el Guardián de la Seguridad Digital tiene un enfoque específico en la protección de la información y la infraestructura, lo que es fundamental para el éxito de cualquier iniciativa de transformación digital.

### Datos breves y estadísticas

# EL GUARDIÁN DE LA SEGURIDAD DIGITAL EN NÚMEROS

Importancia de la Seguridad Digital: Según un estudio de Gartner, el 60% de las empresas experimentarán importantes fallos de servicio debido a la incapacidad de sus equipos de seguridad de TI para gestionar el riesgo digital.

- Incremento de ataques cibernéticos: El número de ataques cibernéticos ha aumentado en un 300% desde 2019, según un informe de la ONU.
- Costo de los ataques cibernéticos: Según un informe de Cybersecurity Ventures, se espera que el costo de los ataques cibernéticos alcance los 6 trillones de dólares anuales para 2021.

**El Rol del Guardián de la Seguridad Digital**

Demanda de profesionales de seguridad digital: Según el informe de Cybersecurity Jobs, se espera que la demanda de profesionales de seguridad digital crezca un 31% entre 2019 y 2029, mucho más rápido que el promedio de todas las ocupaciones.

- Salario promedio: El salario promedio de un Guardián de la Seguridad Digital en los Estados Unidos es de $116,000 al año, según el informe de salarios de la Oficina de Estadísticas Laborales de los

Estados Unidos.

- Roles relacionados: Otros roles relacionados con la seguridad digital incluyen el Analista de Seguridad de la Información, el Ingeniero de Seguridad de la Información y el Arquitecto de Seguridad de la Información.

## Resumen y Conclusiones

### Puntos Clave del Capítulo

En este capítulo, hemos explorado el rol del Guardián de la Seguridad Digital, destacando su importancia, responsabilidades, habilidades y estrategias para ser efectivo. Los casos de éxito y las tendencias emergentes nos proporcionan una visión de cómo este rol continuará evolucionando y su impacto en la transformación digital de las organizaciones.

### Preguntas de Reflexión

1. ¿Cómo puede un Guardián de la Seguridad Digital mantener un equilibrio entre la seguridad y la innovación dentro de una organización?

2. ¿De qué manera las tendencias emergentes en seguridad digital pueden cambiar el enfoque de un Guardián de la Seguridad Digital?

3. ¿Cuáles son los mayores desafíos que enfrenta un Guardián de la Seguridad Digital en la actualidad y cómo pueden superarse?

# CASOS DE ÉXITO EN TRANSFORMACIÓN DIGITAL

# CAPÍTULO 12. CASOS DE ÉXITO EN TRANSFORMACIÓN DIGITAL

## Introducción a los Casos de Éxito

### Importancia de los Casos de Éxito

Los casos de éxito en transformación digital son una fuente invaluable de conocimiento y aprendizaje para cualquier organización que busque embarcarse en su propio viaje de transformación. Estos ejemplos reales demuestran cómo las estrategias y las tecnologías pueden ser aplicadas con éxito para lograr una mejora significativa en el rendimiento y la eficiencia. Analizar los casos de éxito ayuda a las empresas a entender mejor los desafíos y las oportunidades que la transformación digital puede traer, y cómo la metodología UTD puede ser aplicada para maximizar las posibilidades de éxito.

### Cómo se Seleccionaron los Casos de Éxito

La selección de los casos de éxito presentados en este capítulo se basó en una serie de criterios diseñados para representar un amplio espectro de industrias y desafíos. Se consideraron factores como la innovación en la aplicación de tecnologías, la magnitud del cambio organizacional, los resultados cuantificables y la influencia de la metodología UTD en el proceso de transformación. Estos casos fueron elegidos también por su capacidad para ilustrar lecciones prácticas y estrategias replicables que pueden inspirar y guiar a otras organizaciones en su propio proceso de transformación digital.

**Otras lecturas**

Para profundizar en el tema de la transformación digital y la metodología UTD, recomendamos las siguientes lecturas:

1. "La Transformación Digital en la Práctica: Casos de Éxito y Lecciones Aprendidas": Este libro ofrece una visión más detallada de los casos de éxito en transformación digital, con un enfoque en las lecciones aprendidas y las estrategias que se pueden aplicar en diferentes contextos.

2. "Innovación y Transformación Digital: Un Enfoque Estratégico": Este libro proporciona una visión estratégica de la transformación digital, con un enfoque en cómo las organizaciones pueden innovar y adaptarse a los cambios tecnológicos.

3. "La Metodología UTD: Una Guía Paso a Paso": Este libro proporciona una guía detallada de la metodología UTD, con un enfoque en cómo se puede aplicar en diferentes contextos y industrias.

Estas lecturas proporcionarán una comprensión más profunda de la transformación digital y la metodología UTD, y ayudarán a los estudiantes a aplicar estos conceptos en sus propios proyectos y organizaciones.

## Caso de Éxito 1: Empresa A

### Contexto de la Empresa A

Empresa A es una corporación multinacional que se dedica a la fabricación de bienes de consumo. Antes de su transformación digital, la empresa enfrentaba desafíos significativos relacionados con la eficiencia operativa y la capacidad de respuesta al mercado. La falta de integración entre sus sistemas y procesos internos resultaba en una toma de decisiones lenta y una experiencia de cliente por debajo de las expectativas.

**Proceso de Transformación Digital en la Empresa A**

La transformación digital de Empresa A comenzó con un enfoque centrado en el cliente y la implementación de una plataforma de gestión de relaciones con los clientes (CRM) basada en la nube. Esto permitió una mejor recopilación y análisis de datos, lo que llevó a una personalización más efectiva de sus productos. Además, la empresa adoptó tecnologías de automatización de procesos y sistemas de inteligencia artificial para optimizar la cadena de suministro y la producción.

**Resultados y Lecciones Aprendidas de la Empresa A**

La Empresa A logró una notable mejora en la satisfacción del cliente y una reducción significativa en los tiempos de respuesta del mercado. La eficiencia operativa también mejoró, lo que resultó en una reducción de costos y un incremento en la rentabilidad. Una de las principales lecciones aprendidas fue la importancia de involucrar a todos los niveles de la organización en el proceso de transformación y la necesidad de una formación continua para asegurar la adopción de las nuevas tecnologías.

**¿Sabías?**

La transformación digital no es solo acerca de la adopción de nuevas tecnologías. Es un cambio fundamental en cómo una organización brinda valor a sus clientes. Aquí hay algunos datos interesantes que quizás no sabías:

- El 70% de las iniciativas de transformación digital no alcanzan sus objetivos, según un estudio de McKinsey. Esto subraya la importancia de una planificación y ejecución cuidadosa.

- Según el informe de IDC, el gasto mundial en tecnologías y servicios de transformación digital se proyecta que alcanzará los $2.3 billones en 2023.

- El 59% de las organizaciones están en etapa de madurez digital temprana, según un informe de Dell. Esto significa que todavía hay un largo camino por recorrer para muchas empresas.

La transformación digital es un viaje, no un destino. Las empresas que tienen éxito son las que están dispuestas a experimentar, aprender y adaptarse.

## Caso de Éxito 2: Empresa B

### Contexto de la Empresa B

Empresa B es un banco de tamaño medio que estaba luchando por mantenerse relevante en un mercado financiero cada vez más digitalizado. Antes de su transformación, la empresa dependía en gran medida de procesos manuales y tenía una presencia en línea limitada, lo que afectaba su capacidad para atraer y retener clientes.

### Proceso de Transformación Digital en la Empresa B

La estrategia de transformación digital de Empresa B se centró en la digitalización de sus servicios bancarios y la mejora de la experiencia del usuario. Implementaron una aplicación móvil intuitiva y segura, junto con herramientas de banca en línea que ofrecían servicios personalizados basados en el comportamiento y las preferencias de los clientes. También invirtieron en seguridad cibernética para proteger los datos de los clientes y fortalecer la confianza en sus servicios digitales.

### Resultados y Lecciones Aprendidas de la Empresa B

Como resultado de su transformación digital, Empresa B no solo logró una mayor retención de clientes, sino que también atrajo a un segmento de mercado más joven y tecnológicamente hábil. La lección más significativa fue la necesidad de una estrategia de seguridad digital robusta para acompañar la digitalización de los servicios, asegurando así la confianza y la lealtad del cliente en un entorno digital.

## Caso de Éxito 3: Empresa C

### Contexto de la Empresa C

Empresa C es una compañía de telecomunicaciones que enfrentaba una competencia intensa y una disminución en la satisfacción del cliente debido a su infraestructura obsoleta y su incapacidad para ofrecer servicios innovadores rápidamente.

**Proceso de Transformación Digital en la Empresa C**

La transformación de Empresa C se centró en la modernización de su infraestructura de red y la implementación de soluciones de big data para analizar el comportamiento del cliente. Esto les permitió ofrecer servicios personalizados y mejorar la calidad de la conexión. Además, invirtieron en la formación de su fuerza laboral en nuevas tecnologías y metodologías ágiles para acelerar el desarrollo de productos.

**Resultados y Lecciones Aprendidas de la Empresa C**

La Empresa C mejoró significativamente la calidad de sus servicios y la satisfacción del cliente. Además, lograron una mayor agilidad en el lanzamiento de nuevos productos al mercado. Una lección clave fue la importancia de invertir en la actualización de la infraestructura tecnológica como base para una transformación digital exitosa y sostenible.

## Caso de Éxito 4: Empresa D

**Contexto de la Empresa D**

Empresa D es un minorista en línea que estaba buscando mejorar su logística y experiencia de usuario para competir mejor en el mercado global. Antes de su transformación, enfrentaban desafíos en la gestión de inventario y en la entrega de una experiencia de compra personalizada.

**Proceso de Transformación Digital en la Empresa D**

La Empresa D adoptó tecnologías de inteligencia artificial para optimizar su cadena de suministro y predecir las tendencias de compra, lo que les permitió gestionar mejor el inventario y la logística. También implementaron un sistema de recomendaciones personalizadas para mejorar la experiencia de compra de sus clientes.

### Resultados y Lecciones Aprendidas de la Empresa D

Como resultado, Empresa D logró una reducción significativa en los tiempos de entrega y un aumento en la satisfacción del cliente. La lección más importante fue la necesidad de integrar las soluciones tecnológicas con una estrategia centrada en el cliente para proporcionar una experiencia de compra verdaderamente personalizada y eficiente.

## Caso de Éxito 5: Empresa E

### Contexto de la Empresa E

Empresa E es una organización de atención médica que buscaba mejorar la calidad de sus servicios y la eficiencia operativa. Antes de su transformación, enfrentaban desafíos relacionados con la gestión de registros médicos y la comunicación entre diferentes departamentos y profesionales de la salud.

### Proceso de Transformación Digital en la Empresa E

La transformación digital de Empresa E involucró la implementación de un sistema de registros médicos electrónicos interoperable y la adopción de herramientas de telemedicina. Esto facilitó una mejor coordinación en la atención al paciente y un acceso más rápido y seguro a la información médica.

### Resultados y Lecciones Aprendidas de la Empresa E

Empresa E experimentó una mejora en la calidad de la atención al paciente y una mayor eficiencia en sus operaciones. La lección más valiosa fue la importancia de garantizar la interoperabilidad y la seguridad de los datos en el sector de la salud para mejorar la atención al paciente y cumplir con las regulaciones.

## Análisis Comparativo de los Casos de Éxito

### Factores Comunes en los Casos de Éxito

A pesar de pertenecer a diferentes sectores, los casos de éxito comparten varios factores comunes. Todos ellos destacan la importancia de una visión clara y un liderazgo fuerte, la necesidad de centrarse en el cliente y la importancia de la adaptabilidad y la innovación. Además, la colaboración entre departamentos y la formación continua del personal fueron elementos clave para el éxito de estas transformaciones digitales.

**Diferencias Notables entre los Casos de Éxito**

Las diferencias entre los casos de éxito residen principalmente en las estrategias específicas y las tecnologías adoptadas, que fueron personalizadas según las necesidades y los desafíos únicos de cada organización. Por ejemplo, mientras que Empresa A se centró en la automatización de la cadena de suministro, Empresa B puso énfasis en la digitalización de los servicios financieros y la seguridad cibernética.

**Lecciones Generales de los Casos de Éxito**

Las lecciones generales que se pueden extraer de estos casos de éxito incluyen la importancia de una planificación cuidadosa y una ejecución detallada, la necesidad de una cultura organizacional que apoye la innovación y el cambio, y la relevancia de medir y analizar continuamente el impacto de las iniciativas de transformación digital.

**Datos breves y estadísticas**

# IMPACTO DE LA TRANSFORMACIÓN DIGITAL

La transformación digital ha demostrado ser una estrategia efectiva para las empresas en diversas industrias. Aquí hay algunas estadísticas que destacan su importancia y efectividad:

- 70% de las empresas tienen una estrategia de transformación digital o están trabajando en una.
- Las empresas que han implementado la transformación digital son 26% más rentables que sus competidores.
- El 45% de los ingresos de las empresas proviene de la transformación digital.

# FACTORES DE ÉXITO EN LA TRANSFORMACIÓN DIGITAL

Los factores de éxito en la transformación digital incluyen:

1. Planificación cuidadosa: Las empresas que tienen éxito en la transformación digital suelen tener una estrategia clara y bien planificada.

2. Cultura de innovación: Las empresas exitosas fomentan una cultura que apoya la innovación y el cambio.

3. Medición y análisis: Las empresas que miden y analizan el impacto de sus iniciativas de transformación digital son más propensas a lograr sus objetivos.

**Impacto de la Metodología UTD en los Casos de Éxito**

**Cómo la Metodología UTD Facilitó los Casos de Éxito**

La metodología UTD jugó un papel fundamental en estos casos de éxito al proporcionar un marco estructurado que facilitó la planificación, ejecución y medición de las iniciativas de transformación digital. La metodología ayudó a las empresas a alinear sus proyectos digitales con sus objetivos estratégicos y a involucrar a todas las partes interesadas en el proceso.

### Diferencias con Otros Enfoques

A diferencia de otros enfoques, la metodología UTD enfatiza la participación abierta, la colaboración multidisciplinaria y la adaptabilidad. Estos elementos fueron cruciales para el éxito de los casos presentados, ya que permitieron una mayor flexibilidad y una mejor respuesta a los desafíos emergentes durante el proceso de transformación.

## Lecciones para la Implementación de la Metodología UTD

### Consejos Basados en los Casos de Éxito

Los consejos para la implementación de la metodología UTD incluyen la importancia de establecer una visión clara y compartida, la necesidad de involucrar activamente a todos los niveles de la organización, y la relevancia de una comunicación efectiva y transparente. Además, es esencial fomentar una cultura de aprendizaje continuo y estar dispuesto a adaptarse a las circunstancias cambiantes.

### Errores a Evitar

Los errores a evitar durante la implementación de la metodología UTD incluyen la resistencia al cambio, la falta de alineación entre la estrategia digital y los objetivos de negocio, y la subestimación de la importancia de la seguridad de los datos. También es crucial evitar la implementación precipitada de tecnologías sin una planificación adecuada y sin considerar las necesidades específicas de la organización.

### Piensa y reflexiona

¿Cómo podrías aplicar la Metodología UTD en tu propio entorno?

Considera los errores comunes mencionados en este capítulo. ¿Cómo podrías evitarlos en tu organización o proyecto personal? ¿Qué medidas podrías tomar para asegurar una alineación efectiva entre la estrategia digital y los objetivos de negocio? ¿Cómo podrías gestionar la resistencia al cambio?

¿Qué importancia le das a la seguridad de los datos?

¿Cómo podrías garantizar la seguridad de los datos en tu organización o proyecto personal? ¿Qué tecnologías y prácticas podrías implementar para proteger los datos y la información digital?

¿Cómo podrías evitar la implementación precipitada de tecnologías?

¿Qué pasos podrías seguir para asegurar una planificación adecuada antes de implementar nuevas tecnologías? ¿Cómo podrías asegurarte de que las tecnologías que implementas se alinean con las necesidades específicas de tu organización o proyecto personal?

## El Futuro de la Transformación Digital

### Tendencias Emergentes

Las tendencias emergentes en transformación digital incluyen el aumento de la inteligencia artificial y el aprendizaje automático, la expansión del Internet de las Cosas (IoT), y el crecimiento de la realidad virtual y aumentada. Estas tecnologías están redefiniendo la forma en que las organizaciones operan y entregan valor a sus clientes.

### Impacto en la Organización

El impacto de estas tendencias en las organizaciones será

profundo, ya que no solo transformarán los modelos de negocio y las operaciones, sino que también requerirán nuevas habilidades y enfoques de gestión. Las empresas deberán ser ágiles y estar preparadas para adaptarse rápidamente a estas nuevas realidades para mantenerse competitivas.

## Resumen y Conclusiones

### Puntos Clave del Capítulo

Los puntos clave de este capítulo incluyen la importancia de aprender de los casos de éxito en transformación digital, la relevancia de la metodología UTD como marco para guiar la transformación, y la necesidad de prepararse para las tendencias emergentes que continuarán moldeando el futuro digital. Estos elementos son fundamentales para cualquier organización que busque aprovechar las oportunidades de la era digital.

### Preguntas de Reflexión

1. ¿Qué factores comunes de éxito se pueden identificar en los casos de éxito presentados y cómo se pueden aplicar a su organización?

2. ¿Cómo puede la metodología UTD ayudar a su organización a navegar su propia transformación digital?

3. ¿Qué tendencias emergentes cree que tendrán el mayor impacto en su industria y cómo puede prepararse para ellas?

# TENDENCIAS ACTUALES EN TRANSFORMACIÓN DIGITAL

# CAPÍTULO 13: TENDENCIAS ACTUALES EN TRANSFORMACIÓN DIGITAL

**Introducción a las Tendencias Actuales**

1.1. Importancia de las Tendencias Actuales Las tendencias actuales en transformación digital son indicadores clave de hacia dónde se dirige el mundo tecnológico y empresarial. Estas tendencias no solo reflejan los avances en la tecnología, sino también los cambios en las expectativas de los consumidores y las estrategias de negocio. Comprender estas tendencias es esencial para las organizaciones que desean mantenerse competitivas y aprovechar las nuevas oportunidades que la tecnología ofrece para mejorar sus operaciones, productos y servicios.

1.2. Cómo se Identifican las Tendencias La identificación de tendencias en transformación digital se realiza a través del análisis de datos de mercado, informes de investigación, comportamiento de los consumidores y desarrollos tecnológicos. Las empresas de análisis de mercado, como Gartner y Forrester, publican anualmente informes que destacan las tendencias emergentes. Además, los eventos de la industria y las conferencias son foros clave donde se discuten y se dan a conocer innovaciones y tendencias.

## Tendencia 1: Inteligencia Artificial (IA)

2.1. Definición y Aplicaciones de la IA La inteligencia artificial (IA) se refiere a sistemas o máquinas que imitan la inteligencia humana para realizar tareas y pueden mejorar iterativamente basándose en la información que recogen. La IA se aplica en una variedad de sectores, incluyendo la atención médica, la automoción, las finanzas y el entretenimiento. Algunas de las aplicaciones más conocidas incluyen asistentes virtuales, sistemas de recomendación, diagnósticos médicos automatizados y vehículos autónomos.

2.2. Impacto de la IA en la Transformación Digital La IA está revolucionando la forma en que las empresas operan y toman decisiones. Con su capacidad para analizar grandes cantidades de datos y aprender de ellos, la IA está habilitando una toma de decisiones más rápida y precisa. Esto no solo mejora la eficiencia operativa, sino que también permite la personalización en masa de productos y servicios, lo que lleva a una mejor experiencia del cliente.

2.3. Casos de Uso de la IA en la Transformación Digital Los casos de uso de la IA en la transformación digital son diversos y de gran alcance. Por ejemplo, en el sector bancario, la IA se utiliza para detectar fraudes y personalizar servicios financieros. En el comercio minorista, ayuda a predecir tendencias de compra y optimizar la cadena de suministro. En la salud, la IA contribuye al desarrollo de tratamientos personalizados y a la gestión de

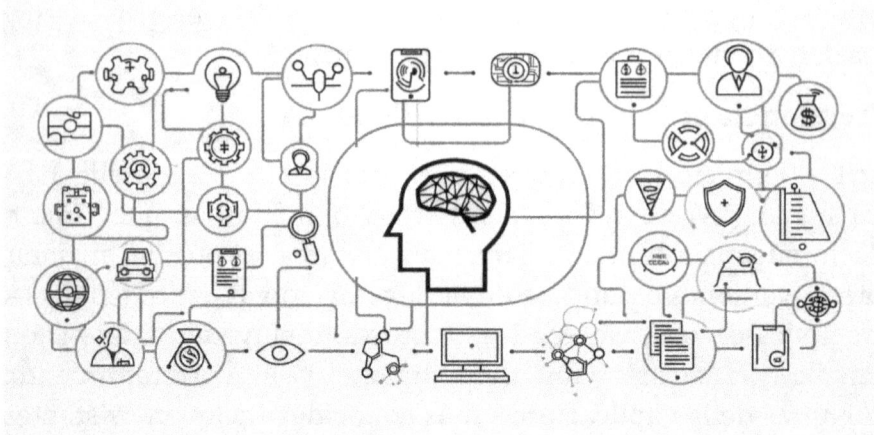

registros de pacientes.

## Tendencia 2: Internet de las Cosas (IoT)

3.1. Definición y Aplicaciones del IoT Internet de las Cosas (IoT) se refiere a la red de dispositivos físicos que están conectados a internet, recopilando y compartiendo datos. Esto incluye todo, desde electrodomésticos, relojes inteligentes, hasta máquinas industriales. Las aplicaciones del IoT son vastas y pueden encontrarse en la gestión de hogares inteligentes, la monitorización de la salud, la agricultura de precisión y la optimización de la cadena de suministro en la fabricación.

3.2. Impacto del IoT en la Transformación Digital El IoT está permitiendo una interconexión sin precedentes entre el mundo físico y el digital. Esto facilita la recopilación de datos en tiempo real, lo que permite a las empresas obtener insights valiosos sobre el comportamiento de los consumidores y la eficiencia de los procesos. El IoT también está impulsando la automatización y la creación de ciudades inteligentes, transformando así la vida cotidiana y los entornos de trabajo.

3.3. Casos de Uso del IoT en la Transformación Digital Los casos de uso del IoT en la transformación digital son amplios y transformadores. Por ejemplo, en la gestión de la energía, los sensores IoT pueden optimizar el uso de la electricidad en edificios inteligentes. En la logística, el IoT proporciona seguimiento en tiempo real de los productos durante el envío. En la agricultura, los sensores IoT ayudan a monitorear las condiciones del suelo y del

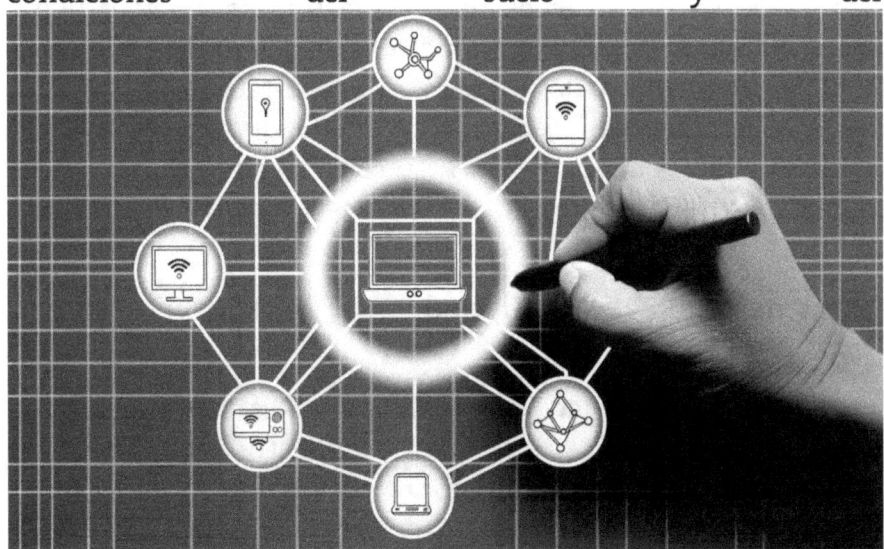

clima para mejorar la producción de cultivos.

## Tendencia 3: Blockchain

4.1. Definición y Aplicaciones de Blockchain Blockchain es una tecnología de registro distribuido que facilita la creación de un libro de contabilidad digital inmutable y seguro. Es conocido por ser la base de las criptomonedas, pero sus aplicaciones se extienden a sectores como la cadena de suministro, los registros de propiedad, la votación en línea y más. Blockchain proporciona transparencia, seguridad y eficiencia en las transacciones y el intercambio de información.

4.2. Impacto de Blockchain en la Transformación Digital Blockchain está transformando las operaciones empresariales al ofrecer un nuevo nivel de integridad en las transacciones.

Su capacidad para proporcionar seguridad y transparencia en un entorno descentralizado está abriendo nuevas formas de colaboración y confianza entre las partes, lo que es esencial en la economía digital.

4.3. Casos de Uso de Blockchain en la Transformación Digital Los casos de uso de Blockchain en la transformación digital incluyen la trazabilidad de productos en la cadena de suministro, la gestión de identidades digitales y la facilitación de contratos inteligentes que se ejecutan automáticamente cuando se cumplen ciertas condiciones. Esto está llevando a una mayor eficiencia y a la reducción de fraudes y errores en diversos sectores.

## Tendencia 4: Realidad Virtual y Aumentada

5.1. Definición y Aplicaciones de la Realidad Virtual y Aumentada La Realidad Virtual (RV) y la Realidad Aumentada (RA) son tecnologías que alteran nuestra percepción de la realidad. La RV sumerge al usuario en un entorno completamente virtual, mientras que la RA superpone información digital en el mundo real. Estas tecnologías tienen aplicaciones en la educación, el entretenimiento, la medicina, el diseño de productos y el marketing, entre otros.

5.2. Impacto de la Realidad Virtual y Aumentada en la Transformación Digital La RV y la RA están cambiando la forma en que interactuamos con el mundo digital, ofreciendo experiencias más inmersivas y personalizadas. En la transformación digital, estas tecnologías mejoran la capacitación y la educación, permiten visualizaciones de productos más detalladas y mejoran la interacción del cliente con las marcas.

5.3. Casos de Uso de la Realidad Virtual y Aumentada en la Transformación Digital Los casos de uso de la RV y la RA en la transformación digital son variados y en constante evolución. Por ejemplo, en el sector inmobiliario, la RA permite a los clientes visualizar propiedades antes de que se construyan. En la medicina, la RV se utiliza para la formación quirúrgica y la rehabilitación de pacientes. En el retail, la RA mejora la experiencia de compra al permitir a los clientes probar productos virtualmente.

## Tendencia 5: Big Data y Análisis de Datos

6.1. Definición y Aplicaciones del Big Data y Análisis de Datos Big Data se refiere a conjuntos de datos extremadamente grandes que no pueden ser analizados eficazmente con métodos tradicionales. El análisis de Big Data utiliza técnicas avanzadas para revelar patrones, tendencias y asociaciones, especialmente en relación con el comportamiento humano y las interacciones. Las aplicaciones van desde la optimización de negocios hasta la mejora de la atención sanitaria y la predicción de tendencias de consumo.

6.2. Impacto del Big Data y Análisis de Datos en la Transformación Digital El Big Data y el análisis de datos están en el corazón de la transformación digital. Permiten a las organizaciones tomar decisiones basadas en datos, lo que lleva a una mayor eficiencia, innovación y personalización. Estas prácticas están transformando industrias enteras al proporcionar insights que antes eran inaccesibles.

6.3. Casos de Uso del Big Data y Análisis de Datos en la Transformación Digital Los casos de uso del Big Data y análisis de datos en la transformación digital son extensos. Por ejemplo, en el marketing, el análisis de datos ayuda a comprender mejor las preferencias de los clientes y a predecir comportamientos futuros. En la logística, optimiza las rutas de entrega y la gestión de inventarios. En la salud pública, contribuye a la vigilancia de enfermedades y a la investigación epidemiológica.

## Análisis de las Tendencias Actuales

7.1. Factores Comunes en las Tendencias Actuales Las tendencias actuales en transformación digital comparten varios factores comunes, como la dependencia de la recopilación y análisis de datos, la necesidad de conectividad y la importancia de la experiencia del usuario. Todas estas tendencias están impulsadas por la necesidad de eficiencia, personalización y adaptabilidad en un mundo cada vez más digitalizado.

7.2. Diferencias Notables entre las Tendencias Aunque hay similitudes, cada tendencia también tiene sus propias características distintivas. Por ejemplo, mientras que la IA se centra en la automatización y la toma de decisiones, el IoT se enfoca en la conectividad y la recopilación de datos. Blockchain destaca por su seguridad y transparencia, mientras que la RV y la RA ofrecen nuevas formas de interacción y experiencia.

7.3. Lecciones de las Tendencias Actuales Las lecciones de las tendencias actuales en transformación digital incluyen la importancia de la adaptabilidad y la innovación continua. Las organizaciones deben estar dispuestas a adoptar nuevas tecnologías y a experimentar con nuevos modelos de negocio para mantenerse relevantes. Además, la colaboración entre diferentes sectores y disciplinas es crucial para aprovechar al máximo las oportunidades que estas tendencias ofrecen.

## Impacto de las Tendencias en la Metodología UTD

8.1. Cómo las Tendencias Actuales Facilitan la Metodología UTD Las tendencias actuales en transformación digital facilitan la metodología UTD al proporcionar herramientas y enfoques que pueden integrarse en sus procesos. Por ejemplo, la IA puede utilizarse para mejorar la toma de decisiones en la planificación de proyectos, mientras que el IoT puede mejorar la recopilación de datos para la investigación y el desarrollo. Blockchain puede aportar seguridad y transparencia a las transacciones digitales dentro de la metodología.

8.2. Diferencias con Otros Enfoques La metodología UTD se diferencia de otros enfoques en su énfasis en la adaptabilidad y la participación abierta. Las tendencias actuales apoyan este enfoque al ofrecer tecnologías que permiten una mayor flexibilidad y colaboración. La metodología UTD se beneficia de estas tendencias al incorporarlas en su marco para mejorar la eficiencia y la innovación.

## Preparándose para las Tendencias Futuras

9.1. Consejos para Mantenerse al Día con las Tendencias Para mantenerse al día con las tendencias, las organizaciones deben invertir en formación continua y desarrollo de habilidades. También es importante participar en redes profesionales y eventos de la industria para compartir conocimientos y mejores prácticas. La vigilancia tecnológica y la investigación de mercado son herramientas clave para anticipar y prepararse para las tendencias emergentes.

9.2. Errores a Evitar Algunos errores a evitar incluyen la resistencia al cambio y la adopción de tecnologías sin una estrategia clara. Es importante no seguir las tendencias solo porque son populares, sino evaluar cuidadosamente cómo pueden alinearse con los objetivos de la organización. Además, es crucial no descuidar la seguridad y la privacidad al implementar nuevas tecnologías.

## Resumen y Conclusiones

10.1. Puntos Clave del Capítulo Este capítulo ha explorado las tendencias actuales en transformación digital, destacando la importancia de la IA, IoT, Blockchain, RV y RA, y Big Data y análisis de datos. Estas tendencias están moldeando el futuro de las organizaciones y requieren una adaptación constante y una estrategia bien definida para su implementación.

10.2. Preguntas de Reflexión 1. ¿Cómo puede su organización integrar la IA para mejorar sus procesos y servicios? 2. ¿De qué manera el IoT podría transformar su modelo de negocio? 3. ¿Qué aplicaciones de Blockchain podrían beneficiar a su industria? 4. ¿Cómo podrían la RV y la RA mejorar la experiencia de sus clientes? 5. ¿Está su organización preparada para manejar y analizar Big Data de manera efectiva?

# MEJORES PRÁCTICAS EN TRANSFORMACIÓN DIGITAL

# CAPÍTULO 14: MEJORES PRÁCTICAS EN TRANSFORMACIÓN DIGITAL

**Introducción a las Mejores Prácticas**

1.1. Importancia de las Mejores Prácticas Las mejores prácticas en transformación digital son esenciales para guiar a las organizaciones a través del complejo proceso de cambio hacia un entorno más digitalizado. Estas prácticas sirven como puntos de referencia que han demostrado ser efectivos en múltiples escenarios, ayudando a las empresas a evitar errores comunes y a maximizar el retorno de la inversión en tecnología. La adopción de estas prácticas puede acelerar la transformación, fomentar la innovación y mejorar la competitividad en un mercado cada vez más tecnológico.

1.2. Cómo se Identifican las Mejores Prácticas La identificación de las mejores prácticas en transformación digital proviene del análisis de casos de éxito, la experiencia acumulada por líderes de la industria y la investigación continua en el campo de la tecnología y la gestión del cambio. Estas prácticas son dinámicas y deben adaptarse a los cambios en la tecnología, las expectativas del mercado y las regulaciones. La colaboración entre expertos, la retroalimentación de los usuarios y la evaluación constante de los resultados son fundamentales para mantener actualizadas estas prácticas.

## Mejor Práctica 1: Enfoque Centrado en el Usuario

2.1. Definición y Aplicaciones del Enfoque Centrado en el Usuario El enfoque centrado en el usuario pone al individuo en el corazón del diseño y desarrollo de soluciones digitales. Esta práctica implica entender profundamente las necesidades, comportamientos y preferencias de los usuarios finales para crear productos y servicios que ofrezcan una experiencia satisfactoria y sean intuitivos de usar. Las aplicaciones de este enfoque varían desde el diseño de interfaces hasta el desarrollo de productos y la implementación de sistemas empresariales.

2.2. Beneficios del Enfoque Centrado en el Usuario Los beneficios de adoptar un enfoque centrado en el usuario incluyen una mayor satisfacción del cliente, una mejor adopción de las soluciones digitales y una reducción en la necesidad de capacitación y soporte. Además, puede conducir a una mayor lealtad de marca y a una ventaja competitiva, ya que los productos y servicios están diseñados para satisfacer las necesidades específicas del usuario.

2.3. Casos de Uso del Enfoque Centrado en el Usuario Un ejemplo de la aplicación de esta práctica es el desarrollo de aplicaciones móviles que simplifican procesos complejos, como la banca en línea, haciendo que sean accesibles y fáciles de usar para una amplia gama de usuarios. Otro caso de uso es la personalización de plataformas de comercio electrónico, donde las recomendaciones de productos se basan en el comportamiento de compra y las preferencias del usuario.

## Mejor Práctica 2: Colaboración Multidisciplinaria

3.1. Definición y Aplicaciones de la Colaboración Multidisciplinaria La colaboración multidisciplinaria implica la integración de conocimientos y habilidades de diversas disciplinas para abordar los retos de la transformación digital. Esta práctica reconoce que la innovación a menudo ocurre en la intersección de campos diferentes, como la ingeniería, el diseño, la ciencia de datos y la gestión empresarial. La colaboración efectiva puede llevarse a cabo tanto internamente, dentro de una organización, como externamente, a través de asociaciones estratégicas.

3.2. Beneficios de la Colaboración Multidisciplinaria Los beneficios de la colaboración multidisciplinaria incluyen una mayor capacidad de innovación, soluciones más holísticas y una mejor resolución de problemas complejos. Esta práctica también puede mejorar la comunicación y el entendimiento entre diferentes áreas de una organización, lo que resulta en proyectos más cohesivos y alineados con los objetivos empresariales.

3.3. Casos de Uso de la Colaboración Multidisciplinaria Un caso de uso es el desarrollo de sistemas de inteligencia artificial, donde expertos en tecnología, especialistas en datos y psicólogos trabajan juntos para crear algoritmos que no solo sean técnicamente sólidos, sino también éticos y comprensibles para los usuarios. Otro ejemplo es la creación de estrategias de marketing digital que combinan análisis de datos, creatividad y conocimiento del consumidor para campañas más efectivas.

## Mejor Práctica 3: Agilidad y Flexibilidad

4.1. Definición y Aplicaciones de la Agilidad y Flexibilidad La agilidad y la flexibilidad se refieren a la capacidad de una organización para adaptarse rápidamente a los cambios del mercado y a las demandas de los clientes. En el contexto de la transformación digital, esto significa ser capaz de iterar y mejorar continuamente los productos y servicios digitales, así como los procesos internos. Las metodologías ágiles, como Scrum y Kanban, son ejemplos de cómo las organizaciones pueden implementar esta práctica.

4.2. Beneficios de la Agilidad y Flexibilidad Los beneficios de ser ágil y flexible incluyen una mayor capacidad de respuesta ante las necesidades del cliente, una mejor gestión de riesgos y la posibilidad de aprovechar nuevas oportunidades de negocio con rapidez. Además, puede conducir a una mayor moral y compromiso del equipo, ya que los miembros tienen la oportunidad de contribuir y ver el impacto de su trabajo de manera más directa.

4.3. Casos de Uso de la Agilidad y Flexibilidad Un caso de uso es el desarrollo de software, donde los equipos ágiles pueden lanzar rápidamente prototipos y ajustarlos basándose en la retroalimentación de los usuarios. Otro ejemplo es la capacidad de una empresa para cambiar su modelo de negocio o su oferta de productos en respuesta a una crisis, como una pandemia, manteniendo así la relevancia y continuidad del negocio.

**Mejor Práctica 4: Innovación Continua**

5.1. Definición y Aplicaciones de la Innovación Continua La innovación continua es el proceso de buscar y aplicar de manera constante nuevas ideas, tecnologías y métodos para mejorar productos, servicios y procesos. Esta práctica es fundamental para mantenerse a la vanguardia en un entorno digital que cambia rápidamente. La innovación puede ser incremental, a través de mejoras continuas, o disruptiva, mediante la introducción de cambios radicales que transforman industrias enteras.

5.2. Beneficios de la Innovación Continua Los beneficios de la innovación continua incluyen la diferenciación en el mercado, la mejora de la eficiencia operativa y la capacidad de establecer nuevos estándares en la industria. Además, fomenta una cultura de aprendizaje y experimentación dentro de la organización, lo que puede aumentar la motivación y la retención del talento.

5.3. Casos de Uso de la Innovación Continua Un ejemplo de innovación continua es la evolución de las plataformas de streaming, que han pasado de ofrecer contenido pregrabado a producir sus propias series y películas, cambiando así la industria del entretenimiento. Otro caso es la integración de la inteligencia artificial en la atención al cliente, mejorando la experiencia del usuario y la eficiencia operativa.

**Mejor Práctica 5: Seguridad y Privacidad por Diseño**

6.1. Definición y Aplicaciones de la Seguridad y Privacidad

por Diseño La seguridad y la privacidad por diseño son enfoques proactivos que integran consideraciones de seguridad y privacidad en todas las etapas del desarrollo y diseño de productos y servicios digitales. Esta práctica va más allá del cumplimiento de regulaciones, buscando crear sistemas que sean inherentemente seguros y que protejan la información del usuario desde el principio.

6.2. Beneficios de la Seguridad y Privacidad por Diseño Los beneficios de esta práctica incluyen una mayor confianza por parte de los usuarios, una menor probabilidad de brechas de seguridad y una mejor alineación con las regulaciones globales de protección de datos. Además, puede resultar en ahorros significativos al evitar los costos asociados con incidentes de seguridad y violaciones de datos.

6.3. Casos de Uso de la Seguridad y Privacidad por Diseño Un caso de uso es el desarrollo de aplicaciones financieras donde la seguridad de las transacciones y la privacidad de los datos del cliente son fundamentales. Otro ejemplo es la creación de dispositivos de Internet de las Cosas (IoT), donde la seguridad y la privacidad deben ser consideradas para proteger a los usuarios y la red contra posibles vulnerabilidades.

## Análisis de las Mejores Prácticas

7.1. Factores Comunes en las Mejores Prácticas A pesar de la diversidad de las mejores prácticas, existen factores comunes que contribuyen a su éxito. Estos incluyen un enfoque en el usuario final, la adaptabilidad frente a los cambios, la colaboración entre diferentes áreas de conocimiento y la integración de la innovación como un proceso continuo. Además, la anticipación y gestión proactiva de riesgos, especialmente en términos de seguridad y privacidad, es un elemento clave en todas ellas.

7.2. Diferencias Notables entre las Mejores Prácticas Las diferencias entre las mejores prácticas suelen estar relacionadas con su aplicación en distintos contextos y sectores. Por ejemplo, mientras que la agilidad y la flexibilidad son cruciales en entornos de desarrollo de software, la seguridad y la privacidad por diseño son especialmente relevantes en sectores regulados como la salud y las finanzas.

7.3. Lecciones de las Mejores Prácticas Las lecciones aprendidas de la aplicación de estas prácticas subrayan la importancia de una cultura organizacional que valore la innovación, la colaboración y la mejora continua. También resaltan la necesidad de una comunicación efectiva y de liderazgo comprometido para guiar la transformación digital de manera exitosa.

## Impacto de las Mejores Prácticas en la Metodología UTD

8.1. Cómo las Mejores Prácticas Facilitan la Metodología UTD Las mejores prácticas son fundamentales para la Metodología UTD, ya que proporcionan un marco de referencia que guía la implementación de la transformación digital. Estas prácticas ayudan a las organizaciones a enfocarse en los aspectos más críticos del cambio, asegurando que los proyectos sean relevantes, seguros y centrados en el usuario.

8.2. Diferencias con Otros Enfoques A diferencia de otros enfoques que pueden ser más prescriptivos o rígidos, la Metodología UTD se beneficia de la flexibilidad y adaptabilidad inherentes a estas mejores prácticas. Esto permite a las organizaciones personalizar su estrategia de transformación digital para satisfacer sus necesidades específicas y responder a un entorno en constante evolución.

## Implementando las Mejores Prácticas en su Organización

9.1. Consejos para Implementar las Mejores Prácticas Para implementar estas prácticas de manera efectiva, las organizaciones deben comenzar con una evaluación clara de sus necesidades y capacidades actuales. Es importante involucrar a todas las partes interesadas desde el principio y asegurarse de que haya un entendimiento compartido de los objetivos. La formación y el desarrollo de habilidades son también componentes críticos para empoderar a los empleados y facilitar la adopción de nuevas tecnologías y procesos.

9.2. Errores a Evitar Entre los errores comunes al implementar las mejores prácticas se encuentran la falta de comunicación y liderazgo, subestimar la resistencia al cambio y no medir o compartir los resultados de manera efectiva. Evitar estos errores requiere un enfoque estratégico y un compromiso continuo con la mejora y adaptación de las prácticas a medida que surgen nuevos desafíos y oportunidades.

## Resumen y Conclusiones

10.1. Puntos Clave del Capítulo Este capítulo ha explorado las mejores prácticas en transformación digital, destacando su importancia y cómo pueden ser aplicadas para facilitar el cambio dentro de las organizaciones. Estas prácticas no solo mejoran la eficiencia y la efectividad de los proyectos de transformación digital, sino que también contribuyen a una cultura de innovación y adaptabilidad que es esencial para el éxito a largo plazo.

10.2. Preguntas de Reflexión Al finalizar este capítulo, reflexione sobre las siguientes preguntas: ¿Cómo puede su organización integrar estas mejores prácticas en su estrategia de transformación digital? ¿Qué desafíos específicos podrían surgir al implementar estas prácticas y cómo podrían superarse? ¿Qué prácticas podrían tener el mayor impacto en su organización y por qué?

# ESTRATEGIAS DE IMPLEMENTACIÓN DE SOLUCIONES DIGITALES

# CAPÍTULO 15: ESTRATEGIAS DE IMPLEMENTACIÓN DE SOLUCIONES DIGITALES

## Introducción a las Estrategias de Implementación

### Importancia de las Estrategias de Implementación

La implementación de soluciones digitales es un proceso crítico en la transformación digital de cualquier organización. Una estrategia de implementación bien diseñada puede significar la diferencia entre el éxito y el fracaso de un proyecto. Estas estrategias proporcionan un marco que guía a las organizaciones en la introducción de nuevas tecnologías, asegurando que se integren sin problemas en los procesos de negocio existentes y que se maximice su valor. Además, ayudan a mitigar los riesgos asociados con el cambio, facilitan la gestión de recursos y establecen claras expectativas para todas las partes involucradas.

### Cómo se Desarrollan las Estrategias de Implementación

Desarrollar una estrategia de implementación requiere un análisis detallado de las necesidades de la organización, la infraestructura existente y los objetivos del proyecto. Las estrategias deben ser personalizadas para cada caso, teniendo en cuenta factores como la cultura organizacional, la capacidad de adaptación de los empleados y la complejidad de las soluciones digitales a implementar. La colaboración entre departamentos y la participación de todas las partes interesadas son fundamentales para crear un plan de acción que sea realista y efectivo.

## Estrategia 1: Implementación Gradual

### Definición y Aplicaciones de la Implementación Gradual

La implementación gradual es un enfoque que introduce cambios en etapas sucesivas, en lugar de realizar una transición completa de una sola vez. Esta estrategia es ideal para organizaciones que necesitan minimizar el riesgo de interrupción de sus operaciones y prefieren adaptarse lentamente a las nuevas tecnologías. Es especialmente útil en entornos complejos donde cada fase puede ser cuidadosamente monitoreada y ajustada antes de pasar a la siguiente.

### Beneficios y Desafíos de la Implementación Gradual

Los beneficios de la implementación gradual incluyen una menor resistencia al cambio por parte de los empleados, la posibilidad de probar y aprender de cada etapa, y la capacidad de ajustar el presupuesto y los recursos a lo largo del tiempo. Sin embargo, los desafíos pueden incluir un período de implementación más largo y la necesidad de mantener sistemas paralelos durante la transición, lo que puede aumentar la complejidad y los costos.

### Casos de Uso de la Implementación Gradual

Un ejemplo de implementación gradual podría ser la adopción de un nuevo sistema de gestión de relaciones con el cliente (CRM) en una empresa de ventas. La empresa podría comenzar por implementar el CRM en un solo departamento, ajustar los procesos y capacitar a los usuarios antes de desplegarlo en toda la organización.

## Estrategia 2: Implementación Big Bang

### Definición y Aplicaciones de la Implementación Big Bang

La estrategia de implementación Big Bang implica la transición completa a la nueva solución digital en un único evento. Este enfoque es adecuado para organizaciones más pequeñas o para proyectos que requieren una rápida transformación y tienen un alcance claramente definido.

### Beneficios y Desafíos de la Implementación Big Bang

Los beneficios de esta estrategia incluyen una rápida realización de beneficios y la eliminación de la necesidad de mantener sistemas antiguos en paralelo. Sin embargo, los desafíos son significativos e incluyen un alto riesgo de interrupción de las operaciones y una gran dependencia de una preparación y prueba exhaustivas antes de la implementación.

### Casos de Uso de la Implementación Big Bang

Un caso de uso de la implementación Big Bang podría ser una pequeña empresa que decide migrar su infraestructura de IT a la nube durante un fin de semana, para comenzar la nueva semana laboral con todos los sistemas operando en el nuevo entorno.

### Frases famosas

"La transformación digital es más acerca de la gente que de la tecnología." - Satya Nadella, CEO de Microsoft.

"La única forma de hacer un gran trabajo es amar lo que haces." - Steve Jobs, cofundador de Apple Inc.

"La tecnología y la digitalización están transformando todos los aspectos de nuestras vidas - socialmente, económicamente y culturalmente." - António Guterres, Secretario General de las

Naciones Unidas.

## Estrategia 3: Implementación Pilotada

### Definición y Aplicaciones de la Implementación Pilotada

La implementación pilotada es un enfoque que involucra la ejecución de un proyecto piloto con un grupo reducido de usuarios antes de la implementación a gran escala. Este método permite a las organizaciones probar la solución en un entorno controlado y recopilar comentarios valiosos para mejorar el sistema antes de su lanzamiento completo.

### Beneficios y Desafíos de la Implementación Pilotada

Los beneficios de la implementación pilotada incluyen la identificación temprana de problemas potenciales, la oportunidad de obtener el compromiso de los usuarios y la posibilidad de ajustar la solución para satisfacer mejor las necesidades de la organización. Los desafíos pueden incluir la selección de un grupo piloto representativo y la gestión de las expectativas de los usuarios que no están involucrados en la prueba piloto.

### Casos de Uso de la Implementación Pilotada

Un ejemplo de implementación pilotada podría ser una empresa que introduce un nuevo software de contabilidad. Selecciona un pequeño equipo de contadores para usar el software, recopila sus comentarios y realiza ajustes antes de desplegarlo en toda la empresa.

### Piensa y reflexiona

La implementación pilotada es una estrategia comúnmente utilizada en la transformación digital. Pero, ¿por qué crees que las empresas optan por esta estrategia en lugar de implementar la solución digital en toda la empresa de una vez?

Considera el caso de uso mencionado en el texto: una empresa que introduce un nuevo software de contabilidad. ¿Por qué es beneficioso seleccionar un pequeño equipo de contadores para usar el software primero? ¿Qué ventajas y desventajas puedes identificar en este enfoque?

Además, piensa en cómo podrías aplicar la estrategia de implementación pilotada en otros contextos, no solo en la introducción de un nuevo software. ¿Puedes pensar en otros escenarios donde esta estrategia podría ser útil?

Finalmente, reflexiona sobre cómo la implementación pilotada puede afectar a los empleados de una empresa. ¿Cómo crees que se sentirían los empleados seleccionados para probar la nueva solución digital? ¿Y cómo crees que se sentirían los demás empleados que tienen que esperar para usar la nueva solución?

## Estrategia 4: Implementación Paralela

### Definición y Aplicaciones de la Implementación Paralela

La implementación paralela involucra la ejecución de sistemas nuevos y antiguos en paralelo durante un período de tiempo. Este enfoque reduce el riesgo de interrupción ya que la organización puede revertir al sistema antiguo en caso de que el nuevo falle o presente problemas inesperados.

### Beneficios y Desafíos de la Implementación Paralela

Los beneficios de la implementación paralela incluyen una mayor seguridad en la transición y la capacidad de capacitar a los usuarios en el nuevo sistema mientras el antiguo aún está en funcionamiento. Los desafíos pueden ser el costo de operar dos sistemas simultáneamente y la posible confusión entre los usuarios sobre qué sistema utilizar.

### Casos de Uso de la Implementación Paralela

Un caso de uso de la implementación paralela podría ser un hospital que implementa un nuevo sistema de registro de pacientes mientras mantiene el sistema anterior activo hasta que el personal esté completamente capacitado y todos los datos hayan sido transferidos con éxito.

## Estrategia 5: Implementación Faseada

### Definición y Aplicaciones de la Implementación Faseada

La implementación faseada es un enfoque que divide el proyecto en varias fases, cada una de las cuales se implementa de manera secuencial. A diferencia de la implementación gradual, cada fase en la implementación faseada es a menudo una parte funcional completa del sistema que se pone en uso inmediatamente después de su implementación.

### Beneficios y Desafíos de la Implementación Faseada

Los beneficios de la implementación faseada incluyen la capacidad de generar valor de manera incremental y la posibilidad de ajustar el enfoque basado en el rendimiento de cada fase. Los desafíos pueden incluir la necesidad de una planificación detallada y la gestión de múltiples transiciones a lo largo del tiempo.

### Casos de Uso de la Implementación Faseada

Un ejemplo de implementación faseada podría ser una empresa que despliega un nuevo sistema ERP, comenzando con el módulo financiero, seguido por el de ventas, y así sucesivamente hasta que todos los módulos estén en funcionamiento.

### Instantánea biográfica

# BILL GATES: UN PIONERO EN LA IMPLEMENTACIÓN FASEADA

Bill Gates, cofundador de Microsoft, es un ejemplo destacado de un líder empresarial que ha utilizado la implementación faseada para llevar a cabo proyectos de transformación digital.

En los primeros días de Microsoft, Gates y su equipo adoptaron un enfoque de implementación faseada para el desarrollo de su sistema operativo, Windows. Comenzaron con una versión básica, Windows 1.0, y luego lanzaron versiones sucesivas con características y funcionalidades adicionales.

Este enfoque permitió a Microsoft probar y perfeccionar su producto en etapas, minimizando los riesgos y permitiendo que el equipo de desarrollo respondiera a los comentarios y necesidades de los usuarios.

La estrategia de implementación faseada de Gates ha sido un modelo para muchas otras empresas de tecnología y es un ejemplo de cómo esta metodología puede ser efectiva en la transformación digital.

**Análisis de las Estrategias de Implementación**

## Factores Comunes en las Estrategias de Implementación

A pesar de sus diferencias, todas las estrategias de implementación comparten algunos factores comunes, como la necesidad de una planificación cuidadosa, la participación de las partes interesadas, la formación de los usuarios y la evaluación continua. Estos elementos son cruciales para el éxito de cualquier proyecto de implementación de soluciones digitales.

## Diferencias Notables entre las Estrategias de Implementación

Las principales diferencias entre las estrategias de implementación radican en su enfoque de gestión de riesgos, velocidad de implementación y adaptabilidad. Por ejemplo, la implementación Big Bang es de alto riesgo pero rápida, mientras que la implementación gradual es más lenta pero reduce el riesgo de errores y problemas.

## Lecciones de las Estrategias de Implementación

Las lecciones aprendidas de las estrategias de implementación incluyen la importancia de alinear la estrategia con los objetivos de negocio, la necesidad de comunicación efectiva en todos los niveles y la ventaja de involucrar a los usuarios finales desde las primeras etapas del proyecto.

# Impacto de las Estrategias de Implementación en la Metodología UTD

## Cómo las Estrategias de Implementación Facilitan la Metodología UTD

Las estrategias de implementación juegan un papel crucial en la metodología UTD al proporcionar un marco para la introducción de nuevas tecnologías de manera estructurada y controlada. Facilitan la colaboración entre equipos, la gestión efectiva del cambio y la integración de soluciones digitales con los procesos de negocio existentes.

## Diferencias con Otros Enfoques

A diferencia de otros enfoques que pueden ser más rígidos o menos estructurados, la metodología UTD enfatiza la adaptabilidad y la participación de los usuarios, lo que se ve reflejado en la flexibilidad de las estrategias de implementación y su enfoque en la generación de valor y la mejora continua.

## Implementando las Estrategias en su Organización

### Consejos para Implementar las Estrategias

Para implementar estas estrategias de manera efectiva, es esencial entender las necesidades específicas de la organización, involucrar a todas las partes interesadas desde el principio, proporcionar formación adecuada y establecer métricas claras para medir el éxito.

### Errores a Evitar

Los errores comunes en la implementación de estrategias incluyen la falta de una planificación adecuada, subestimar la resistencia al cambio, no proporcionar suficiente apoyo a los usuarios y no realizar pruebas exhaustivas antes de la implementación completa.

### Otras lecturas

Para profundizar en la comprensión de la implementación de soluciones digitales y evitar errores comunes, se recomiendan las siguientes lecturas:

1. "La Transformación Digital en la Práctica: Casos de Estudio y Lecciones Aprendidas" - Este libro ofrece una visión práctica de la transformación digital a través de estudios de caso de empresas que han pasado por el proceso.

2. "Gestión del Cambio en la Era Digital" - Este texto

proporciona una visión detallada de cómo manejar la resistencia al cambio durante la implementación de nuevas tecnologías.

3. "Pruebas de Software en la Transformación Digital" - Este libro se centra en la importancia de las pruebas exhaustivas antes de la implementación completa de las soluciones digitales.

4. "Planificación Estratégica para la Transformación Digital" - Este texto ofrece una guía detallada sobre cómo planificar adecuadamente la implementación de estrategias digitales.

Estas lecturas proporcionarán una visión más amplia y detallada de los desafíos y soluciones en la implementación de estrategias digitales.

## Resumen y Conclusiones

### Puntos Clave del Capítulo

Este capítulo ha explorado diversas estrategias de implementación de soluciones digitales, destacando su importancia, aplicaciones, beneficios y desafíos. La elección de la estrategia adecuada depende de varios factores, incluyendo el tamaño de la organización, la complejidad de la solución y la cultura organizacional.

### Preguntas de Reflexión

1. ¿Qué factores debería considerar una organización al elegir una estrategia de implementación?

2. ¿Cómo puede una estrategia de implementación influir en la aceptación de una nueva solución digital por parte de los usuarios?

3. ¿De qué manera las estrategias de implementación

se integran con la metodología UTD para facilitar la transformación digital?

# HERRAMIENTAS Y TECNOLOGÍAS PARA LA TRANSFORMACIÓN DIGITAL

# CAPÍTULO 16. HERRAMIENTAS Y TECNOLOGÍAS PARA LA TRANSFORMACIÓN DIGITAL

**Introducción a las Herramientas y Tecnologías**

1.1. Importancia de las Herramientas y Tecnologías En la era de la transformación digital, las herramientas y tecnologías juegan un papel fundamental en la habilitación y aceleración de los cambios dentro de las organizaciones. Estas no solo permiten la automatización de procesos y la mejora de la eficiencia, sino que también posibilitan nuevas formas de interacción con los clientes, la generación de valor a partir de datos y la innovación en productos y servicios. La elección adecuada de herramientas y tecnologías es crítica para el éxito de la transformación digital, ya que estas deben alinearse con los objetivos estratégicos de la empresa y ser capaces de adaptarse a las necesidades cambiantes del mercado.

1.2. Cómo se Seleccionan las Herramientas y Tecnologías La selección de herramientas y tecnologías para la transformación digital debe ser un proceso cuidadoso y estratégico. Se deben considerar factores como la escalabilidad, la integración con sistemas existentes, la facilidad de uso, la seguridad y la relación costo-beneficio. Además, es importante tener en cuenta la cultura organizacional y la preparación del equipo para adoptar nuevas herramientas. La participación de todas las áreas de la empresa en este proceso es crucial para asegurar que las tecnologías elegidas respondan a las necesidades de cada departamento y contribuyan al logro de los objetivos comunes.

## Herramienta 1: Plataformas de Colaboración Digital

2.1. Definición y Aplicaciones de las Plataformas de Colaboración Digital Las plataformas de colaboración digital son espacios virtuales que permiten a los equipos trabajar conjuntamente en tiempo real, independientemente de su ubicación geográfica. Estas herramientas ofrecen funcionalidades como la compartición de documentos, la comunicación instantánea, la gestión de tareas y proyectos, y la integración con otras aplicaciones. Su uso se ha vuelto indispensable en un mundo cada vez más conectado, donde el trabajo remoto y los equipos distribuidos son la norma.

2.2. Beneficios y Desafíos de las Plataformas de Colaboración Digital Entre los beneficios de las plataformas de colaboración digital se encuentran la mejora en la comunicación interna, la optimización de los tiempos de respuesta, la centralización de la información y la facilitación del trabajo en equipo. Sin embargo, también presentan desafíos como la necesidad de una buena gestión del cambio para su adopción, la seguridad de los datos compartidos y la posible sobrecarga de información. Es crucial elegir una plataforma que sea intuitiva y que cuente con las medidas de seguridad necesarias para proteger la información corporativa.

2.3. Casos de Uso de las Plataformas de Colaboración Digital Las plataformas de colaboración digital son utilizadas en una variedad de contextos, desde la gestión de proyectos complejos hasta la coordinación de actividades cotidianas de un equipo. Empresas de todos los tamaños y sectores las utilizan para facilitar la comunicación entre empleados, socios y clientes, así como para agilizar la toma de decisiones y el seguimiento de proyectos en tiempo real.

## Herramienta 2: Soluciones de Inteligencia de Negocios

3.1. Definición y Aplicaciones de las Soluciones de Inteligencia de Negocios Las soluciones de inteligencia de negocios (BI, por sus siglas en inglés) se refieren al conjunto de estrategias y herramientas que permiten a las empresas analizar datos y obtener información valiosa para la toma de decisiones. Estas soluciones pueden incluir software de análisis de datos, herramientas de visualización, sistemas de reportes y dashboards que facilitan el entendimiento de grandes volúmenes de información.

3.2. Beneficios y Desafíos de las Soluciones de Inteligencia de Negocios Implementar soluciones de BI trae consigo beneficios como la capacidad de tomar decisiones basadas en datos, la identificación de tendencias y patrones de mercado, y la mejora en la eficiencia operativa. No obstante, los desafíos incluyen la integración con fuentes de datos existentes, la calidad y la limpieza de los datos, y la necesidad de contar con personal capacitado para interpretar y actuar sobre la información obtenida.

3.3. Casos de Uso de las Soluciones de Inteligencia de Negocios Las soluciones de BI son aplicadas en áreas como el marketing, para entender mejor el comportamiento del cliente; en finanzas, para optimizar la gestión de riesgos y costos; y en operaciones, para mejorar la cadena de suministro y la producción. Su uso permite a las empresas ser más ágiles y responder de manera efectiva a los cambios del mercado.

## Herramienta 3: Herramientas de Automatización de Procesos

4.1. Definición y Aplicaciones de las Herramientas

de Automatización de Procesos Las herramientas de automatización de procesos permiten la creación de flujos de trabajo que ejecutan tareas repetitivas sin intervención humana. Estas herramientas pueden ser desde simples macros hasta sofisticados sistemas de automatización robótica de procesos (RPA). Su aplicación se extiende a prácticamente cualquier proceso de negocio que requiera consistencia y eficiencia, como la entrada de datos, la gestión de pedidos y la atención al cliente.

4.2. Beneficios y Desafíos de las Herramientas de Automatización de Procesos La automatización de procesos ofrece beneficios como la reducción de errores humanos, el aumento de la velocidad de ejecución de tareas y la liberación de recursos para actividades de mayor valor. Los desafíos incluyen la selección de procesos adecuados para la automatización, la gestión del cambio en la fuerza laboral y la necesidad de mantenimiento y actualización de los sistemas de automatización.

4.3. Casos de Uso de las Herramientas de Automatización de Procesos Un ejemplo claro de la aplicación de estas herramientas es en el sector bancario, donde la automatización de la verificación de créditos y la gestión de transacciones ha mejorado significativamente la eficiencia. Otro caso de uso es en el área de recursos humanos, donde la automatización de la selección de currículos y la gestión de nóminas ha optimizado los procesos internos.

## Herramienta 4: Plataformas de Análisis de Datos

5.1. Definición y Aplicaciones de las Plataformas de Análisis de Datos Las plataformas de análisis de datos son sistemas que recopilan, almacenan y analizan grandes conjuntos de datos para generar conocimiento y apoyar la toma de decisiones. Estas plataformas pueden incluir herramientas de minería de datos, análisis predictivo y machine learning, y son fundamentales para descubrir patrones ocultos, tendencias y correlaciones en los datos.

5.2. Beneficios y Desafíos de las Plataformas de Análisis de Datos Los beneficios de utilizar plataformas de análisis de datos incluyen la capacidad de predecir comportamientos futuros, personalizar la experiencia del cliente y optimizar productos y servicios. Los desafíos a enfrentar son la gestión de grandes volúmenes de datos, la garantía de la calidad y la privacidad de los mismos, y la interpretación correcta de los resultados del análisis.

5.3. Casos de Uso de las Plataformas de Análisis de Datos En el sector salud, por ejemplo, estas plataformas se utilizan para analizar resultados de estudios clínicos y mejorar los tratamientos médicos. En el comercio minorista, el análisis de datos ayuda a predecir tendencias de compra y a gestionar inventarios de manera más eficiente.

**Herramienta 5: Soluciones de Seguridad Digital**

6.1. Definición y Aplicaciones de las Soluciones de Seguridad Digital Las soluciones de seguridad digital comprenden un conjunto de herramientas y estrategias diseñadas para proteger los activos digitales de una organización. Esto incluye la protección contra amenazas externas e internas, la gestión de identidades y accesos, la encriptación de datos y la seguridad de redes. Su aplicación es esencial en cualquier estrategia de transformación digital para salvaguardar la información y mantener la confianza de los clientes y usuarios.

6.2. Beneficios y Desafíos de las Soluciones de Seguridad Digital Implementar soluciones de seguridad digital ofrece beneficios como la protección contra la pérdida de datos, la prevención de ataques cibernéticos y el cumplimiento de regulaciones de privacidad. Los desafíos incluyen la necesidad de mantenerse actualizado frente a las amenazas en constante evolución, la gestión de la complejidad de los sistemas de seguridad y la capacitación de los empleados en buenas prácticas de seguridad.

6.3. Casos de Uso de las Soluciones de Seguridad Digital Las soluciones de seguridad digital son utilizadas por instituciones financieras para proteger las transacciones en línea y por empresas de comercio electrónico para asegurar la información de los clientes. También son fundamentales en la protección de la propiedad intelectual y los datos sensibles en sectores como la defensa y la investigación.

## Análisis de las Herramientas y Tecnologías

7.1. Factores Comunes en las Herramientas y Tecnologías A pesar de la diversidad de herramientas y tecnologías disponibles para la transformación digital, existen factores comunes que determinan su efectividad. Estos incluyen la usabilidad, la capacidad de integración con otros sistemas, la escalabilidad para adaptarse al crecimiento de la empresa y la seguridad para proteger los datos y la infraestructura. Además, el soporte y la formación son esenciales para garantizar una adopción exitosa por parte de los usuarios.

7.2. Diferencias Notables entre las Herramientas y Tecnologías Las diferencias entre las herramientas y tecnologías se manifiestan en su enfoque y aplicación específica. Algunas están diseñadas para mejorar la colaboración y la comunicación, mientras que otras se centran en el análisis de datos o la automatización de procesos. La elección de la herramienta adecuada dependerá de las necesidades específicas de cada organización y de su estrategia de transformación digital.

7.3. Lecciones de las Herramientas y Tecnologías Una de las principales lecciones es que la tecnología por sí sola no garantiza el éxito de la transformación digital. Es necesario un enfoque holístico que incluya la cultura organizacional, los procesos y las personas. Además, la flexibilidad y la capacidad de adaptación son críticas para responder a los cambios rápidos en el entorno tecnológico y de negocios.

## Impacto de las Herramientas y Tecnologías en la Metodología UTD

8.1. Cómo las Herramientas y Tecnologías Facilitan la Metodología UTD Las herramientas y tecnologías son fundamentales para la Metodología UTD, ya que proporcionan el soporte necesario para implementar sus principios de colaboración, innovación y agilidad. Facilitan la comunicación entre los equipos, permiten la experimentación rápida de ideas y ayudan a medir el impacto de las iniciativas de transformación digital.

8.2. Diferencias con Otros Enfoques A diferencia de otros enfoques que pueden ser más rígidos o centrados en la tecnología, la Metodología UTD se enfoca en la adaptabilidad y el aprendizaje continuo. Las herramientas y tecnologías seleccionadas deben apoyar esta filosofía, permitiendo una evolución constante y la integración de nuevas soluciones a medida que surgen.

## Implementando las Herramientas y Tecnologías en su Organización

9.1. Consejos para Implementar las Herramientas y Tecnologías Para una implementación exitosa, es importante involucrar a todas las partes interesadas desde el principio, definir claramente los objetivos y métricas de éxito, y proporcionar la formación y el soporte necesarios. También es crucial seleccionar herramientas que se alineen con la cultura y los procesos de la organización y que puedan escalar a medida que la empresa crece.

9.2. Errores a Evitar Entre los errores comunes en la implementación de herramientas y tecnologías están la falta de una estrategia clara, la subestimación de la resistencia al cambio y la elección de soluciones basadas únicamente en el costo. Otro error es no considerar la seguridad y la privacidad desde el diseño de la solución, lo que puede llevar a vulnerabilidades y riesgos legales.

## Resumen y Conclusiones

10.1. Puntos Clave del Capítulo Este capítulo ha explorado la importancia de las herramientas y tecnologías en la transformación digital y cómo estas deben ser cuidadosamente seleccionadas para apoyar la Metodología UTD. Hemos analizado diversas herramientas, desde plataformas de colaboración hasta soluciones de seguridad digital, y hemos discutido cómo pueden ser implementadas de manera efectiva en una organización.

10.2. Preguntas de Reflexión

1. ¿Cómo pueden las herramientas y tecnologías seleccionadas alinearse con los valores y objetivos de su organización?

2. ¿Qué procesos de su empresa podrían beneficiarse más de la automatización y cómo se mediría su éxito?

3. ¿Qué estrategias de gestión del cambio se podrían aplicar para facilitar la adopción de nuevas herramientas y tecnologías?

# EVALUACIÓN Y MEDICIÓN DEL IMPACTO DE LA METODOLOGÍA UTD

# CAPÍTULO 17: EVALUACIÓN Y MEDICIÓN DEL IMPACTO DE LA METODOLOGÍA UTD

**Introducción a la Evaluación y Medición del Impacto**

1.1. Importancia de la Evaluación y Medición del Impacto

La evaluación y medición del impacto son fundamentales en cualquier proceso de transformación digital, ya que proporcionan una visión cuantitativa y cualitativa de los resultados obtenidos. Estas prácticas permiten a las organizaciones determinar si los cambios realizados están generando los beneficios esperados, identificar áreas de mejora y justificar la inversión en nuevas tecnologías. Además, la evaluación continua y la medición del impacto son vitales para mantener la alineación estratégica de los proyectos de transformación digital con los objetivos empresariales.

1.2. Cómo se Realiza la Evaluación y Medición del Impacto

La evaluación y medición del impacto de la Metodología UTD se lleva a cabo mediante la implementación de una serie de métodos y herramientas diseñados para recopilar datos, analizarlos y presentarlos de manera que se puedan tomar decisiones informadas. Estos métodos incluyen el uso de indicadores clave de rendimiento (KPIs), análisis de retorno de inversión (ROI), encuestas de satisfacción, análisis de impacto social y estudios de caso. Cada uno de estos métodos tiene sus propias técnicas y consideraciones, que serán exploradas en las siguientes secciones de este capítulo.

## Método 1: Indicadores Clave de Rendimiento (KPIs)

2.1. Definición y Aplicaciones de los KPIs

Los indicadores clave de rendimiento, o KPIs, son métricas utilizadas para cuantificar el éxito de una organización en la consecución de sus objetivos estratégicos y operativos. Estos indicadores pueden ser financieros, como el retorno de la inversión y el flujo de caja, o no financieros, como la satisfacción del cliente y la eficiencia operativa. Los KPIs son herramientas esenciales en la Metodología UTD, ya que permiten medir el progreso de la transformación digital y ajustar las estrategias según sea necesario.

2.2. Beneficios y Desafíos de los KPIs

Los KPIs ofrecen numerosos beneficios, como la posibilidad de monitorear el rendimiento en tiempo real, establecer objetivos claros y medibles, y motivar al equipo hacia la mejora continua. Sin embargo, también presentan desafíos, como la selección de los KPIs adecuados para cada situación, la necesidad de mantenerlos actualizados y relevantes, y el peligro de centrarse en métricas que no reflejen adecuadamente los objetivos de la organización.

2.3. Casos de Uso de los KPIs

Los KPIs se utilizan en una variedad de contextos dentro de la transformación digital. Por ejemplo, una empresa puede medir la tasa de adopción de una nueva plataforma digital por parte de sus empleados, o el tiempo de respuesta mejorado en su servicio al cliente como resultado de la automatización de procesos.

Estas métricas proporcionan información valiosa sobre el impacto de las iniciativas de transformación digital y ayudan a guiar futuras inversiones y decisiones estratégicas.

## Método 2: Análisis de Retorno de Inversión (ROI)

3.1. Definición y Aplicaciones del Análisis de ROI

El análisis de retorno de inversión (ROI) es un indicador financiero que mide la rentabilidad de una inversión. En el contexto de la transformación digital, el ROI ayuda a determinar si los recursos invertidos en nuevas tecnologías y procesos están generando un retorno adecuado. Este análisis es crucial para justificar el gasto en proyectos de transformación digital y para tomar decisiones informadas sobre futuras inversiones.

3.2. Beneficios y Desafíos del Análisis de ROI

El análisis de ROI ofrece claridad sobre la efectividad de las inversiones y puede servir como una poderosa herramienta de comunicación para los stakeholders. Sin embargo, calcular el ROI en proyectos de transformación digital puede ser complejo, ya que los beneficios no siempre son inmediatos o fácilmente cuantificables. Además, puede ser difícil aislar el impacto de una iniciativa específica en el rendimiento general de la empresa.

3.3. Casos de Uso del Análisis de ROI

Un caso de uso del análisis de ROI podría ser una empresa que invierte en un sistema de gestión de relaciones con el cliente (CRM) y desea medir el aumento en ventas resultante de una mejor gestión de datos y atención al cliente. Otro ejemplo podría ser una organización que implementa soluciones de trabajo remoto y mide el ROI en términos de ahorro de costos operativos y aumento de la productividad.

## Método 3: Encuestas de Satisfacción

4.1. Definición y Aplicaciones de las Encuestas de Satisfacción

Las encuestas de satisfacción son herramientas que recogen la opinión y percepción de los usuarios sobre un producto, servicio o proceso. En la Metodología UTD, las encuestas de satisfacción se utilizan para evaluar la respuesta de los empleados, clientes y otros stakeholders a las iniciativas de transformación digital. Estas encuestas pueden abordar aspectos como la facilidad de uso de las nuevas herramientas, la calidad del servicio al cliente y la efectividad de los canales de comunicación.

4.2. Beneficios y Desafíos de las Encuestas de Satisfacción

Las encuestas de satisfacción ofrecen información directa de los usuarios y pueden revelar problemas y oportunidades que no se detectarían a través de métricas cuantitativas. Sin embargo, pueden presentar desafíos como sesgos en las respuestas, tasas de respuesta bajas y la interpretación de datos cualitativos. Es importante diseñar encuestas bien estructuradas y promover una cultura de retroalimentación abierta para superar estos obstáculos.

4.3. Casos de Uso de las Encuestas de Satisfacción

Un ejemplo de uso de encuestas de satisfacción podría ser una empresa que implementa un nuevo sistema de ticketing para soporte técnico y utiliza encuestas para medir la satisfacción del usuario con la resolución de problemas. Otro caso podría ser una institución educativa que migra a la enseñanza en línea y utiliza encuestas para evaluar la experiencia de los estudiantes con la nueva plataforma de aprendizaje.

## Método 4: Análisis de Impacto Social

5.1. Definición y Aplicaciones del Análisis de Impacto Social

El análisis de impacto social evalúa cómo las iniciativas de transformación digital afectan a la sociedad en general. Este método considera factores como la creación de empleo, el desarrollo de habilidades, la inclusión digital y el impacto ambiental. El análisis de impacto social es particularmente relevante para organizaciones con una fuerte responsabilidad social corporativa o aquellas que operan en sectores regulados.

5.2. Beneficios y Desafíos del Análisis de Impacto Social

Realizar un análisis de impacto social puede mejorar la reputación de la empresa, fortalecer la lealtad de los clientes y empleados, y contribuir a un desarrollo sostenible. Los desafíos incluyen la medición de impactos intangibles, la necesidad de datos a largo plazo y la dificultad de atribuir cambios sociales específicos a una sola iniciativa.

5.3. Casos de Uso del Análisis de Impacto Social

Un caso de uso podría ser una empresa de tecnología que lanza un programa de alfabetización digital en comunidades desfavorecidas y mide el impacto en términos de mejora en la empleabilidad y el acceso a la información. Otro ejemplo sería una organización que evalúa el impacto de sus políticas de sostenibilidad en la reducción de su huella de carbono.

## Método 5: Estudios de Caso

6.1. Definición y Aplicaciones de los Estudios de Caso

Los estudios de caso son análisis detallados de proyectos individuales o iniciativas de transformación digital que documentan el contexto, la implementación y los resultados obtenidos. Estos estudios proporcionan una visión en profundidad de los desafíos enfrentados y las estrategias utilizadas para superarlos, ofreciendo lecciones valiosas que pueden ser aplicadas en futuros proyectos.

6.2. Beneficios y Desafíos de los Estudios de Caso

Los estudios de caso son útiles para compartir conocimientos y mejores prácticas dentro y fuera de la organización. Sin embargo, pueden ser costosos y consumir mucho tiempo, y existe el riesgo de que los resultados no sean generalizables a otros contextos o situaciones.

6.3. Casos de Uso de los Estudios de Caso

Un ejemplo de estudio de caso podría ser una empresa que ha implementado con éxito un sistema de gestión de recursos empresariales (ERP) y documenta el proceso, desde la selección de la tecnología hasta la capacitación de los usuarios y la medición de los resultados. Otro caso de uso podría ser una organización gubernamental que describe cómo su transición a servicios digitales ha mejorado la eficiencia y la satisfacción del ciudadano.

## Análisis de los Métodos de Evaluación y Medición

7.1. Factores Comunes en los Métodos de Evaluación y Medición

A pesar de sus diferencias, los métodos de evaluación y medición comparten varios factores comunes. Todos ellos requieren una planificación cuidadosa, la recopilación de datos precisos y relevantes, y un enfoque en la mejora continua. Además, la comunicación efectiva de los resultados es crucial para garantizar que los hallazgos sean entendidos y utilizados para tomar decisiones estratégicas.

## 7.2. Diferencias Notables entre los Métodos de Evaluación y Medición

Cada método tiene sus propias fortalezas y limitaciones. Mientras que los KPIs y el análisis de ROI ofrecen una perspectiva cuantitativa, las encuestas de satisfacción y el análisis de impacto social proporcionan información cualitativa. Los estudios de caso, por otro lado, ofrecen una visión holística de un proyecto específico. La elección del método adecuado dependerá de los objetivos de la evaluación y del tipo de información que se busca obtener.

## 7.3. Lecciones de los Métodos de Evaluación y Medición

Las lecciones aprendidas de la aplicación de estos métodos incluyen la importancia de alinear las métricas de evaluación con los objetivos estratégicos, la necesidad de flexibilidad para adaptarse a los cambios y la importancia de involucrar a todos los stakeholders en el proceso de evaluación. Además, la triangulación de datos de diferentes fuentes puede proporcionar una visión más completa y confiable del impacto de la transformación digital.

# Impacto de la Evaluación y Medición en la Metodología UTD

## 8.1. Cómo la Evaluación y Medición Facilitan la Metodología UTD

La evaluación y la medición son componentes integrales de la Metodología UTD, ya que proporcionan retroalimentación esencial para el proceso de transformación digital. Estas prácticas permiten a las organizaciones validar sus estrategias, demostrar el valor de sus iniciativas y fomentar una cultura de rendición de cuentas y transparencia.

## 8.2. Diferencias con Otros Enfoques

A diferencia de otros enfoques que pueden centrarse en la

implementación de tecnología por sí misma, la Metodología UTD enfatiza la importancia de medir el impacto en términos de resultados empresariales y sociales. Esto asegura que la transformación digital no solo sea una inversión en tecnología, sino también un motor de cambio positivo y sostenible.

## Implementando la Evaluación y Medición en su Organización

### 9.1. Consejos para Implementar la Evaluación y Medición

Para implementar con éxito la evaluación y la medición en una organización, es importante involucrar a todas las partes interesadas desde el principio, establecer KPIs claros y alcanzables, y asegurarse de que los métodos de recopilación de datos sean robustos y confiables. Además, es crucial comunicar los resultados de manera efectiva y utilizarlos para informar la toma de decisiones y la planificación estratégica.

### 9.2. Errores a Evitar

Algunos errores comunes en la implementación de la evaluación y la medición incluyen no alinear los KPIs con los objetivos estratégicos, no revisar y actualizar los KPIs con regularidad, y no actuar sobre los resultados de la evaluación. Evitar estos errores puede aumentar significativamente las posibilidades de éxito en la transformación digital.

## Resumen y Conclusiones

### 10.1. Puntos Clave del Capítulo

Este capítulo ha explorado la importancia de la evaluación y la medición del impacto en la Metodología UTD, describiendo diferentes métodos y sus aplicaciones. Los KPIs, el análisis de ROI, las encuestas de satisfacción, el análisis de impacto social y los estudios de caso son herramientas valiosas que, cuando se utilizan adecuadamente, pueden proporcionar información crucial para guiar y mejorar los esfuerzos de transformación digital.

## 10.2. Preguntas de Reflexión

¿De qué forma los estudios de caso pueden ser utilizados para compartir conocimientos y mejores

# GESTIÓN DEL CAMBIO EN INSTITUCIONES FINANCIERAS

# CAPÍTULO 18: GESTIÓN DEL CAMBIO EN INSTITUCIONES FINANCIERAS

## Introducción a la Gestión del Cambio

### Importancia de la Gestión del Cambio

La gestión del cambio es un proceso estructurado y estratégico para transformar los sistemas, procesos y cultura de una organización. En el contexto de las instituciones financieras, la gestión del cambio es crucial debido a la rápida evolución del entorno económico, la aparición de nuevas tecnologías y la creciente regulación del sector. Estos factores exigen que las instituciones financieras sean ágiles y adaptables para mantener su competitividad y cumplir con las expectativas de los clientes y reguladores.

La gestión eficaz del cambio no solo facilita la transición hacia nuevos sistemas y procesos, sino que también ayuda a minimizar la resistencia al cambio por parte de los empleados, asegurando una adopción más rápida y efectiva de las nuevas prácticas. Además, una gestión del cambio bien ejecutada puede resultar en una mejora significativa en la eficiencia operativa, la satisfacción del cliente y la rentabilidad de la institución.

### Cómo se Realiza la Gestión del Cambio

La gestión del cambio se realiza a través de un conjunto de actividades planificadas que abordan y facilitan el cambio en todos los niveles de una organización. Estas actividades pueden incluir la comunicación efectiva de los cambios propuestos, la formación y el desarrollo de los empleados para equiparlos con las habilidades necesarias, y la participación activa de todos los miembros de la organización en el proceso de cambio.

Además, es fundamental contar con un liderazgo visible que guíe y apoye el cambio, y proporcionar los recursos y el soporte adecuados para superar los desafíos que puedan surgir. La gestión del cambio debe ser un proceso continuo que incluya la evaluación y el ajuste de las estrategias según sea necesario para garantizar el éxito a largo plazo.

**Piensa y reflexiona**

¿Cómo se aplica la gestión del cambio en tu vida diaria?

La gestión del cambio no es solo una herramienta para las organizaciones, sino que también puede ser aplicada en nuestras vidas personales. Piensa en un cambio importante que hayas experimentado recientemente. ¿Cómo lo manejaste? ¿Qué estrategias utilizaste para adaptarte a este cambio?

¿Cómo podrías mejorar tu capacidad para gestionar el cambio?

Considera las habilidades y estrategias mencionadas en este capítulo. ¿Hay alguna que podrías desarrollar o mejorar para gestionar mejor el cambio en el futuro? ¿Cómo podrías hacerlo?

¿Cómo podrías aplicar la gestión del cambio en tu carrera profesional?

La gestión del cambio es una habilidad valiosa en cualquier campo profesional. ¿Cómo podrías aplicar lo que has aprendido en este capítulo a tu carrera actual o futura? ¿Cómo podría ayudarte a ser más eficaz en tu trabajo?

## Estrategia 1: Comunicación Efectiva

### Definición y Aplicaciones de la Comunicación Efectiva

La comunicación efectiva es el intercambio de información de manera clara, concisa y oportuna para garantizar que todos los miembros de la organización comprendan el propósito y los beneficios del cambio. En las instituciones financieras, la comunicación efectiva es esencial para explicar cómo los cambios afectarán las operaciones diarias, los roles de los empleados y las expectativas de los clientes.

Las aplicaciones de la comunicación efectiva en la gestión del cambio incluyen la distribución de boletines informativos, la realización de reuniones y talleres, y la utilización de plataformas de colaboración digital para mantener a todos informados y comprometidos.

### Beneficios y Desafíos de la Comunicación Efectiva

Los beneficios de una comunicación efectiva son numerosos: ayuda a construir confianza, reduce la ansiedad y la resistencia al cambio, y promueve una cultura de transparencia. Sin embargo, también existen desafíos, como asegurar que el mensaje sea consistente en toda la organización y que se adapte a las necesidades de diferentes grupos de empleados.

### Casos de Uso de la Comunicación Efectiva

Un caso de uso de la comunicación efectiva podría ser la implementación de un nuevo sistema de banca en línea. La institución financiera tendría que comunicar claramente los beneficios del sistema para los clientes y capacitar a los empleados sobre cómo utilizarlo y promoverlo.

### Datos breves y estadísticas

# COMUNICACIÓN EFECTIVA EN LA BANCA DIGITAL

La comunicación efectiva es vital en la implementación de nuevos sistemas en instituciones financieras. Aquí hay algunas estadísticas interesantes:

1. Según un estudio de Accenture, el 90% de los ejecutivos de bancos consideran que la comunicación efectiva es esencial para el éxito de la transformación digital.

2. Un informe de McKinsey muestra que las instituciones financieras que comunican de manera efectiva tienen un 20% más de probabilidades de retener a sus clientes durante los cambios tecnológicos.

3. El 85% de los clientes de bancos prefieren recibir información sobre cambios en el servicio a través de correo electrónico, según una encuesta de Deloitte.

4. La capacitación de los empleados en nuevas tecnologías puede aumentar la eficiencia en un 30%, según un estudio de PwC.

Estas estadísticas demuestran la importancia de la comunicación efectiva en la gestión del cambio en las instituciones financieras.

## Estrategia 2: Formación y Desarrollo

### Definición y Aplicaciones de la Formación y Desarrollo

La formación y el desarrollo se refieren a las actividades educativas diseñadas para mejorar las habilidades y conocimientos de los empleados. En el contexto de la gestión del cambio, la formación y el desarrollo pueden incluir programas de capacitación sobre nuevas tecnologías, procesos o regulaciones que afecten a la institución financiera.

Estas actividades no solo preparan a los empleados para el cambio, sino que también pueden aumentar su compromiso y satisfacción laboral al proporcionarles oportunidades de crecimiento personal y profesional.

### Beneficios y Desafíos de la Formación y Desarrollo

Los beneficios de la formación y el desarrollo son claros: empleados más competentes y confiados, mejor rendimiento y una mayor capacidad para adaptarse a los cambios. Los desafíos pueden incluir la resistencia de los empleados a participar en la formación y la dificultad de medir el impacto de la formación en el rendimiento.

### Casos de Uso de la Formación y Desarrollo

Un ejemplo de formación y desarrollo podría ser un programa de capacitación para empleados de sucursales bancarias sobre un nuevo producto financiero. Esto les permitiría entender mejor el producto y cómo ofrecerlo a los clientes de manera efectiva.

## Estrategia 3: Participación de los Empleados

### Definición y Aplicaciones de la Participación de los Empleados

La participación de los empleados en la gestión del cambio implica involucrar activamente a todo el personal en el proceso de cambio. Esto puede lograrse a través de sesiones de brainstorming, grupos de trabajo y encuestas que permitan a los empleados compartir sus ideas y preocupaciones.

La participación de los empleados ayuda a fomentar un sentido de propiedad y compromiso con el cambio, lo que puede resultar en una mayor tasa de éxito en la implementación de nuevas iniciativas.

### Beneficios y Desafíos de la Participación de los Empleados

Los beneficios de involucrar a los empleados en el proceso de cambio incluyen una mayor aceptación del cambio y la posibilidad de obtener valiosos aportes que pueden mejorar la iniciativa de cambio. Los desafíos pueden surgir cuando los empleados se sienten sobrecargados o desinteresados, lo que puede llevar a una participación insuficiente.

### Casos de Uso de la Participación de los Empleados

Un caso de uso podría ser la creación de un comité de cambio compuesto por empleados de diferentes departamentos para supervisar la transición a un nuevo sistema de gestión de relaciones con los clientes (CRM). Los empleados podrían proporcionar retroalimentación directa sobre la funcionalidad y la usabilidad del sistema.

### Frases famosas

"El cambio es la única constante en la vida. Aquellos que miran solo al pasado o al presente, seguramente perderán el futuro." - John F. Kennedy

"No es el más fuerte de las especies el que sobrevive, ni el más inteligente. Es aquel que es más adaptable al cambio." - Charles Darwin

"El cambio es duro al principio, desordenado en el medio y hermoso al final." - Robin Sharma

"El cambio no solo es probable, es inevitable." - Barbara Sher

"El cambio es el proceso en el que el futuro invade nuestras vidas." - Alvin Toffler

## Estrategia 4: Liderazgo Visible

### Definición y Aplicaciones del Liderazgo Visible

El liderazgo visible se refiere a la participación activa y el apoyo de los líderes de la organización durante el proceso de cambio. Esto incluye comunicar la visión del cambio, establecer expectativas claras y servir como modelo a seguir para los empleados.

Los líderes pueden aplicar esta estrategia participando en eventos de formación, compartiendo actualizaciones regulares sobre el progreso del cambio y reconociendo los logros de los empleados relacionados con el cambio.

### Beneficios y Desafíos del Liderazgo Visible

Los beneficios del liderazgo visible incluyen una mayor confianza en el proceso de cambio y una mejor alineación de los empleados con los objetivos de la organización. Los desafíos pueden surgir si los líderes no están completamente comprometidos o si no comunican de manera efectiva la importancia del cambio.

### Casos de Uso del Liderazgo Visible

Un ejemplo de liderazgo visible podría ser un CEO que participa en sesiones de capacitación sobre una nueva regulación financiera, demostrando su compromiso con el cumplimiento y la importancia de entender los cambios.

## Estrategia 5: Soporte y Recursos Adecuados

### Definición y Aplicaciones del Soporte y Recursos Adecuados

Proporcionar soporte y recursos adecuados significa asegurar que los empleados tengan acceso a las herramientas, la información y la asistencia necesarias para adaptarse al cambio. Esto puede incluir software de gestión del cambio, asesoramiento y apoyo técnico.

Las aplicaciones de esta estrategia pueden variar desde la creación de líneas directas de soporte hasta la asignación de mentores o agentes de cambio que puedan guiar a los empleados a través de la transición.

### Beneficios y Desafíos del Soporte y Recursos Adecuados

Los beneficios de proporcionar soporte y recursos adecuados son una mayor eficiencia en la implementación del cambio y una menor frustración entre los empleados. Los desafíos pueden incluir la identificación de las necesidades de soporte correctas y la gestión de los costos asociados con los recursos proporcionados.

### Casos de Uso del Soporte y Recursos Adecuados

Un caso de uso podría ser el despliegue de un equipo de soporte dedicado durante la implementación de un nuevo sistema de contabilidad para ayudar a los empleados con preguntas técnicas y problemas operativos.

## Análisis de las Estrategias de Gestión del Cambio

### Factores Comunes en las Estrategias de Gestión del Cambio

Las estrategias de gestión del cambio comparten varios factores comunes, como la necesidad de una comunicación clara, la participación de los empleados y el liderazgo comprometido. Estos elementos son fundamentales para crear un ambiente en el que el cambio pueda ser aceptado y adoptado de manera efectiva.

### Diferencias Notables entre las Estrategias de Gestión del Cambio

Aunque hay similitudes entre las estrategias, también existen diferencias notables. Por ejemplo, algunas estrategias pueden enfocarse más en la tecnología y los recursos, mientras que otras pueden priorizar la cultura y el comportamiento organizacional. La elección de la estrategia dependerá de los objetivos específicos del cambio y de la naturaleza de la institución financiera.

### Lecciones de las Estrategias de Gestión del Cambio

Las lecciones aprendidas de la aplicación de estas estrategias incluyen la importancia de adaptar el enfoque de gestión del cambio a las circunstancias específicas de la organización y la necesidad de monitorear y ajustar continuamente las estrategias para asegurar su efectividad.

## Impacto de la Gestión del Cambio en la Metodología UTD

### Cómo la Gestión del Cambio Facilita la Metodología UTD

La gestión del cambio es un componente integral de la Metodología UTD, ya que facilita la adopción de nuevas prácticas y tecnologías. Al seguir un enfoque estructurado y estratégico para el cambio, las instituciones financieras pueden integrar más fácilmente los principios de la Metodología UTD en sus operaciones.

**Diferencias con Otros Enfoques**

A diferencia de otros enfoques de gestión del cambio que pueden ser más rígidos o prescriptivos, la Metodología UTD enfatiza la flexibilidad y la adaptabilidad, permitiendo a las instituciones financieras responder mejor a las condiciones cambiantes del mercado y las necesidades de los clientes.

**¿Sabías?**

La Metodología UTD no solo se aplica a las instituciones financieras, sino que también es ampliamente utilizada en una variedad de industrias. Desde la salud hasta la educación, la manufactura y más allá, esta metodología ha demostrado ser efectiva para ayudar a las organizaciones a adaptarse y prosperar en la era digital.

Además, la Metodología UTD no es solo para grandes corporaciones. Las pequeñas y medianas empresas también pueden beneficiarse de su enfoque flexible y adaptable. De hecho, algunas de las transformaciones digitales más exitosas han ocurrido en empresas más pequeñas que han sido capaces de cambiar rápidamente y adoptar nuevas tecnologías.

Finalmente, aunque la Metodología UTD es una herramienta poderosa para la gestión del cambio, no es una solución mágica. Requiere un compromiso serio y un esfuerzo constante para implementar y mantener. Pero para aquellas organizaciones que están dispuestas a hacer el trabajo, los beneficios pueden ser significativos.

# Implementando la Gestión del Cambio en su Organización

### Consejos para Implementar la Gestión del Cambio

Para implementar la gestión del cambio de manera efectiva, es importante involucrar a todos los niveles de la organización, establecer objetivos claros y medibles, y proporcionar formación y recursos adecuados. También es crucial mantener una comunicación abierta y continua para abordar cualquier inquietud o resistencia que pueda surgir.

**Errores a Evitar**

Algunos errores comunes en la implementación de la gestión del cambio incluyen la falta de un liderazgo visible, la subestimación de la resistencia al cambio y la falta de seguimiento después de la implementación. Evitar estos errores puede aumentar significativamente las posibilidades de éxito en la gestión del cambio.

## Resumen y Conclusiones

### Puntos Clave del Capítulo

Este capítulo ha explorado la importancia de la gestión del cambio en las instituciones financieras y ha presentado estrategias clave para una implementación exitosa. La comunicación efectiva, la formación y desarrollo, la participación de los empleados, el liderazgo visible y el soporte y recursos adecuados son fundamentales para facilitar el cambio y asegurar que se adopte de manera efectiva.

### Preguntas de Reflexión

1. ¿Cómo puede una institución financiera medir la efectividad de su estrategia de gestión del cambio?

2. ¿Qué papel juegan los empleados en el éxito de la gestión del cambio y cómo se puede mejorar su participación?

3. ¿De qué manera el liderazgo visible puede influir en la percepción del cambio por parte de los empleados?

4. ¿Cuáles son los desafíos más comunes al proporcionar soporte y recursos durante un proceso de cambio y cómo se pueden superar?

# ÉTICA Y SEGURIDAD EN LA TRANSFORMACIÓN DIGITAL

# CAPÍTULO 19: ÉTICA Y SEGURIDAD EN LA TRANSFORMACIÓN DIGITAL

## Introducción a la Ética y Seguridad en la Transformación Digital

### Importancia de la Ética y Seguridad

La transformación digital ha redefinido la manera en que las organizaciones operan y se relacionan con sus clientes y empleados. Sin embargo, este avance no está exento de desafíos éticos y de seguridad. La ética en la transformación digital implica el uso responsable de la tecnología, respetando los derechos y la dignidad de todas las personas involucradas. Por otro lado, la seguridad digital se refiere a la protección de datos e infraestructuras frente a accesos no autorizados, ataques cibernéticos y otros riesgos asociados con el entorno digital.

La importancia de la ética y la seguridad radica en su capacidad para generar confianza entre los usuarios y las partes interesadas, lo cual es fundamental para el éxito a largo plazo de cualquier iniciativa de transformación digital. Una estrategia sólida en estos aspectos no solo protege a la organización de riesgos legales y financieros, sino que también salvaguarda su reputación y contribuye a la creación de un entorno digital sostenible y justo.

## Cómo se Maneja la Ética y Seguridad en la Transformación Digital

El manejo de la ética y la seguridad en la transformación digital requiere un enfoque holístico que involucre la implementación de políticas claras, la educación y formación continua de los empleados, y la adopción de tecnologías y prácticas que promuevan la protección de datos y la transparencia. Las organizaciones deben estar al tanto de la legislación vigente en materia de protección de datos, como el Reglamento General de Protección de Datos (GDPR) en Europa, y asegurarse de que sus prácticas estén en conformidad con estas normativas.

Además, es crucial involucrar a todas las áreas de la organización en la promoción de una cultura ética y de seguridad, desde la alta dirección hasta los empleados de base. Esto incluye la realización de auditorías regulares, la evaluación de riesgos y la implementación de sistemas de gestión de seguridad de la información (SGSI) basados en estándares reconocidos como ISO/IEC 27001.

### ¿Sabías?

La transformación digital no solo se trata de tecnología. Aunque la tecnología juega un papel crucial, la transformación digital también implica cambios en la cultura organizacional, los procesos de negocio y la forma en que las organizaciones interactúan con sus clientes y empleados.

La ética y la seguridad son fundamentales en la transformación digital. Con el aumento de los ciberataques y las violaciones de datos, las organizaciones deben tomar medidas proactivas para proteger sus datos y mantener la confianza de sus clientes. Esto incluye la implementación de políticas de seguridad, la formación de los empleados y la adopción de tecnologías de seguridad.

El Reglamento General de Protección de Datos (GDPR) ha cambiado la forma en que las organizaciones manejan los datos. Implementado en 2018, el GDPR ha establecido nuevas normas para la protección de datos en Europa, pero sus efectos se han sentido en todo el mundo. Las organizaciones que no cumplen con el GDPR pueden enfrentar multas significativas.

La norma ISO/IEC 27001 es un estándar internacional para los sistemas de gestión de seguridad de la información (SGSI). Proporciona un marco para establecer, implementar, operar, monitorear, revisar, mantener y mejorar un SGSI. La adopción de este estándar puede ayudar a las organizaciones a gestionar de manera efectiva la seguridad de sus datos.

## Aspecto 1: Privacidad de los Datos

### Definición y Aplicaciones de la Privacidad de los Datos

La privacidad de los datos se refiere al derecho de los individuos a controlar cómo se recopilan, procesan, almacenan y comparten sus datos personales. En el contexto de la transformación digital, la privacidad de los datos se aplica a una amplia gama de tecnologías y procesos, desde aplicaciones móviles y plataformas en línea hasta sistemas de inteligencia artificial y aprendizaje automático.

Las aplicaciones de la privacidad de los datos son diversas y abarcan desde la personalización de servicios hasta la mejora de la experiencia del usuario, siempre respetando los límites de lo que es éticamente aceptable y legalmente permitido. La privacidad de los datos también es fundamental para cumplir con regulaciones como el GDPR, que otorga a los individuos un mayor control sobre sus datos personales y establece sanciones significativas para las organizaciones que no cumplen con sus requisitos.

## Beneficios y Desafíos de la Privacidad de los Datos

Los beneficios de respetar la privacidad de los datos incluyen la construcción de confianza con los clientes, la diferenciación en el mercado y la prevención de sanciones legales. Sin embargo, también existen desafíos significativos, como la necesidad de mantenerse actualizado con la legislación en constante cambio, la gestión de grandes volúmenes de datos y la protección contra violaciones de datos cada vez más sofisticadas.

Las organizaciones deben equilibrar la innovación y la recopilación de datos con la necesidad de proteger la privacidad de los usuarios. Esto implica invertir en tecnologías de seguridad, como la encriptación y la tokenización, y desarrollar políticas de privacidad que sean transparentes y fáciles de entender para los usuarios.

## Casos de Uso de la Privacidad de los Datos

Un caso de uso de la privacidad de los datos es el desarrollo de aplicaciones móviles que requieren información personal para funcionar. Estas aplicaciones deben diseñarse de tal manera que soliciten el consentimiento explícito de los usuarios antes de recopilar datos y proporcionen opciones claras para gestionar la privacidad. Otro caso de uso es el análisis de datos en grandes empresas, donde se deben implementar medidas para anonimizar los datos y asegurar que no se pueda identificar a individuos específicos.

# Aspecto 2: Protección de los Datos

## Definición y Aplicaciones de la Protección de los Datos

La protección de los datos se centra en las medidas técnicas y organizativas utilizadas para salvaguardar la información contra pérdidas, alteraciones o accesos no autorizados. Esto incluye la seguridad física de los servidores, la seguridad de las redes, el control de acceso a los datos y la implementación de protocolos de respaldo y recuperación ante desastres.

Las aplicaciones de la protección de los datos son cruciales en todos los sectores que manejan información sensible, como el financiero, el sanitario y el gubernamental. La protección de los datos no solo es una cuestión de cumplimiento legal, sino también una necesidad operativa para garantizar la continuidad del negocio y la integridad de los sistemas de información.

### Beneficios y Desafíos de la Protección de los Datos

Los beneficios de una protección de datos efectiva incluyen la prevención de brechas de seguridad, la preservación de la integridad de los datos y el mantenimiento de la confianza del cliente. Los desafíos incluyen la necesidad de adaptarse a amenazas cibernéticas en constante evolución y la gestión de la seguridad en entornos cada vez más complejos y distribuidos.

Para superar estos desafíos, las organizaciones deben realizar inversiones continuas en capacitación de personal, tecnologías de seguridad avanzadas y pruebas regulares de sus sistemas de seguridad para identificar y remediar vulnerabilidades.

### Casos de Uso de la Protección de los Datos

Un ejemplo de caso de uso de la protección de los datos es el almacenamiento seguro de información de pacientes en un hospital. Esto requiere sistemas que garanticen la confidencialidad y la integridad de los registros médicos. Otro caso de uso es el comercio electrónico, donde la protección de los datos de tarjetas de crédito y transacciones financieras es esencial para evitar fraudes y robos de identidad.

## Aspecto 3: Transparencia y Consentimiento

### Definición y Aplicaciones de la Transparencia y Consentimiento

La transparencia en la transformación digital implica comunicar abierta y claramente cómo se recopilan, utilizan y comparten los datos personales. El consentimiento, por su parte, es la autorización que los usuarios dan para el tratamiento de sus datos, después de haber sido informados de manera adecuada sobre los propósitos y métodos de procesamiento.

Estos conceptos son aplicables en una variedad de contextos digitales, desde redes sociales y servicios en línea hasta dispositivos conectados y plataformas de comercio electrónico. La transparencia y el consentimiento son fundamentales para cumplir con regulaciones de privacidad y para fomentar una relación de confianza con los usuarios.

### Beneficios y Desafíos de la Transparencia y Consentimiento

Los beneficios de la transparencia y el consentimiento incluyen el empoderamiento de los usuarios, la mejora de la imagen de marca y la alineación con las expectativas de los consumidores modernos. Los desafíos involucran la complejidad de comunicar prácticas de datos de manera comprensible y la necesidad de diseñar interfaces que faciliten el otorgamiento y la gestión del consentimiento.

Para abordar estos desafíos, las organizaciones deben invertir en el diseño de políticas de privacidad claras y en la creación de mecanismos que permitan a los usuarios ejercer fácilmente sus derechos sobre sus datos.

### Casos de Uso de la Transparencia y Consentimiento

Un caso de uso relevante es el de las plataformas de redes sociales, donde la transparencia sobre el uso de algoritmos y la recopilación de datos es crucial para la confianza del usuario. Otro ejemplo es el de las aplicaciones de salud, donde el consentimiento informado es esencial para el tratamiento de datos sensibles.

## Aspecto 4: Responsabilidad y Rendición de Cuentas

### Definición y Aplicaciones de la Responsabilidad y Rendición de Cuentas

La responsabilidad se refiere a la obligación de las organizaciones de actuar de acuerdo con los principios éticos y legales en la gestión de datos. La rendición de cuentas implica la capacidad de demostrar y justificar esas acciones ante reguladores, usuarios y otras partes interesadas.

Estos principios se aplican en todas las actividades relacionadas con la transformación digital, desde la toma de decisiones basada en datos hasta el desarrollo de nuevos productos y servicios digitales. La responsabilidad y la rendición de cuentas son esenciales para establecer un marco de confianza en el que los usuarios se sientan seguros al compartir su información.

### Beneficios y Desafíos de la Responsabilidad y Rendición de Cuentas

Los beneficios de la responsabilidad y la rendición de cuentas incluyen la mejora de la gobernanza de datos, la prevención de malas prácticas y la promoción de una cultura corporativa ética. Los desafíos se centran en la implementación de sistemas que permitan el seguimiento y la documentación de las prácticas de datos, así como en la formación de personal para actuar de manera responsable.

Las organizaciones pueden superar estos desafíos mediante la adopción de marcos de trabajo como el de "Privacy by Design", que integra la privacidad y la responsabilidad en todas las etapas del desarrollo de productos y servicios.

### Casos de Uso de la Responsabilidad y Rendición de Cuentas

Un caso de uso es el de las empresas que procesan grandes cantidades de datos de clientes y deben demostrar su cumplimiento con regulaciones de privacidad. Otro ejemplo es el de las compañías que utilizan inteligencia artificial y deben asegurar que sus sistemas actúan de manera justa y transparente.

## Aspecto 5: Equidad y No Discriminación

### Definición y Aplicaciones de la Equidad y No Discriminación

La equidad en la transformación digital se refiere a la igualdad de oportunidades para acceder y beneficiarse de las tecnologías digitales. La no discriminación asegura que los sistemas digitales no perpetúen sesgos o prejuicios existentes contra ciertos grupos de personas.

Estos principios son aplicables en el desarrollo de algoritmos, la oferta de servicios digitales y la toma de decisiones automatizada. La equidad y la no discriminación son fundamentales para construir una sociedad digital inclusiva y para evitar la amplificación de desigualdades sociales a través de la tecnología.

### Beneficios y Desafíos de la Equidad y No Discriminación

Los beneficios de promover la equidad y la no discriminación incluyen el fomento de la inclusión social, la innovación responsable y el acceso equitativo a los beneficios de la digitalización. Los desafíos incluyen la identificación y corrección de sesgos en los conjuntos de datos y algoritmos, así como la creación de prácticas que aseguren la inclusión de grupos subrepresentados.

Para enfrentar estos desafíos, las organizaciones deben realizar auditorías de sesgo y diversidad, involucrar a grupos diversos en el diseño de sistemas y promover la conciencia sobre la importancia de la equidad en la tecnología.

### Casos de Uso de la Equidad y No Discriminación

Un caso de uso es el diseño de sistemas de recomendación que eviten sesgos de género o racial. Otro ejemplo es la implementación de prácticas de reclutamiento que utilicen inteligencia artificial para evaluar candidatos de manera justa y objetiva.

## Análisis de la Ética y Seguridad en la Transformación Digital

### Factores Comunes en la Ética y Seguridad

Los factores comunes en la ética y seguridad en la transformación digital incluyen la necesidad de transparencia, la protección de la privacidad, la responsabilidad corporativa y el respeto por los derechos de los usuarios. Estos factores son interdependientes y requieren un enfoque integrado para su gestión efectiva.

Además, la ética y la seguridad deben ser consideradas desde las primeras etapas de cualquier proyecto de transformación digital, asegurando que se integren en la cultura y las operaciones de la organización.

### Diferencias Notables entre los Aspectos de la Ética y Seguridad

Aunque los aspectos de la ética y seguridad están relacionados, existen diferencias notables entre ellos. Por ejemplo, mientras que la seguridad se centra en la protección contra amenazas externas e internas, la ética se ocupa de las implicaciones morales y sociales de las prácticas de datos y tecnología.

Además, la ética requiere un enfoque más subjetivo y basado en principios, mientras que la seguridad tiende a ser más técnica y basada en controles específicos.

### Lecciones de la Ética y Seguridad

Las lecciones de la ética y seguridad en la transformación digital incluyen la importancia de involucrar a todas las partes interesadas en el diálogo sobre estos temas, la necesidad de educación continua y la importancia de adaptarse a un panorama de amenazas en constante cambio.

También se ha aprendido que la ética y la seguridad no son simplemente requisitos legales o técnicos, sino elementos fundamentales para la confianza y la sostenibilidad a largo plazo de las iniciativas digitales.

**Frases famosas**

"La privacidad es un derecho humano fundamental. En la era digital, este derecho cobra aún más importancia." - Tim Cook, CEO de Apple.

"La ética de la IA es la nueva ética empresarial." - Satya Nadella, CEO de Microsoft.

"La seguridad cibernética es una guerra, y necesitamos una estrategia militar para luchar contra ella." - Dr. Eric Cole, experto en seguridad cibernética.

"La transformación digital es la constante adaptación a un mundo cambiante, es un proceso que nunca termina." - Jace Moreno, experto en transformación digital.

"La ética debe ser considerada como una parte integral de la estrategia de la empresa, no como una reacción a las crisis." - Kara Swisher, periodista de tecnología.

# EL FUTURO DE LA METODOLOGÍA UTD

# CAPÍTULO 20: EL FUTURO DE LA METODOLOGÍA UTD

## Introducción al Futuro de la Metodología UTD

### Importancia del Futuro de la Metodología UTD

La Transformación Digital es un fenómeno en constante evolución, y la Metodología UTD (Unidad de Transformación Digital) se ha establecido como un enfoque integral para guiar a las organizaciones a través de este proceso. La importancia de mirar hacia el futuro de la Metodología UTD radica en la necesidad de anticipar y adaptarse a los cambios tecnológicos, económicos y sociales que moldearán el paisaje de la transformación digital en los próximos años. Las organizaciones que comprendan y se preparen para estas tendencias emergentes estarán mejor equipadas para mantenerse competitivas y aprovechar las nuevas oportunidades que surjan.

### Cómo se Visualiza el Futuro de la Metodología UTD

Visualizar el futuro de la Metodología UTD implica entender cómo las innovaciones tecnológicas y los cambios en las dinámicas de mercado influirán en la forma en que las empresas se acercan a la transformación digital. Se espera que la metodología evolucione para incorporar nuevas herramientas y estrategias, así como para adaptarse a las expectativas cambiantes de los consumidores y las regulaciones gubernamentales. Además, la Metodología UTD deberá ser lo suficientemente flexible para personalizarse a diferentes sectores y culturas organizacionales.

## Tendencia 1: Mayor Adopción de la Metodología UTD

### Definición y Aplicaciones de la Mayor Adopción

La mayor adopción de la Metodología UTD se refiere al incremento en el número de organizaciones que implementan este enfoque para guiar sus procesos de transformación digital. Esta tendencia se ve impulsada por el reconocimiento de que una metodología centrada en el usuario puede resultar en soluciones más efectivas y sostenibles. Las aplicaciones de una mayor adopción varían desde pequeñas startups hasta grandes corporaciones, abarcando sectores como la salud, la educación, la banca y el comercio electrónico.

### Beneficios y Desafíos de la Mayor Adopción

Los beneficios de una mayor adopción de la Metodología UTD incluyen una mejor alineación entre las soluciones digitales y las necesidades de los usuarios finales, lo que puede conducir a una mayor satisfacción del cliente y eficiencia operativa. Sin embargo, los desafíos incluyen la resistencia al cambio dentro de las organizaciones y la necesidad de capacitar a los empleados en nuevas habilidades y formas de pensar.

### Casos de Uso de la Mayor Adopción

Los casos de uso de la mayor adopción de la Metodología UTD son variados y demuestran su versatilidad. Por ejemplo, una empresa de telecomunicaciones puede utilizar la metodología para rediseñar su experiencia de servicio al cliente, mientras que un hospital podría aplicarla para mejorar la gestión de registros médicos digitales, aumentando la eficiencia y la seguridad del paciente.

## Tendencia 2: Integración con Otras Metodologías

## Definición y Aplicaciones de la Integración con Otras Metodologías

La integración con otras metodologías se refiere a la combinación de la Metodología UTD con otros enfoques y marcos de trabajo, como Agile, Lean o DevOps. Esta convergencia busca aprovechar las fortalezas de cada metodología para crear un enfoque híbrido que sea más efectivo en el contexto de la transformación digital. Las aplicaciones de esta integración son amplias y pueden incluir el desarrollo de software, la gestión de proyectos y la mejora continua de procesos.

## Beneficios y Desafíos de la Integración con Otras Metodologías

Los beneficios de la integración de la Metodología UTD con otras metodologías incluyen una mayor flexibilidad, velocidad en la entrega de soluciones y una mejor gestión de los recursos. Los desafíos pueden surgir de la complejidad de combinar diferentes enfoques y la necesidad de un liderazgo fuerte para guiar la integración de manera efectiva.

## Casos de Uso de la Integración con Otras Metodologías

Un caso de uso de la integración con otras metodologías podría ser una empresa de software que utiliza la Metodología UTD junto con Agile para desarrollar una aplicación móvil centrada en el usuario, asegurando que el producto final sea tanto funcional como altamente adaptado a las necesidades del cliente.

# Tendencia 3: Innovación Continua

## Definición y Aplicaciones de la Innovación Continua

La innovación continua en el contexto de la Metodología UTD implica un enfoque constante en la mejora y actualización de procesos, herramientas y soluciones digitales. Esto significa que las organizaciones no solo adoptan la metodología una vez, sino que la integran en su cultura corporativa, fomentando un ambiente de aprendizaje y adaptación constante. Las aplicaciones de la innovación continua pueden verse en la forma en que las empresas responden a los cambios del mercado y en la creación de nuevos productos y servicios.

**Beneficios y Desafíos de la Innovación Continua**

Los beneficios de la innovación continua incluyen la capacidad de una organización para mantenerse relevante y competitiva en un mercado en constante cambio. Los desafíos pueden incluir la necesidad de inversiones continuas en investigación y desarrollo, así como la gestión del cambio organizacional que acompaña a la innovación constante.

**Casos de Uso de la Innovación Continua**

Un ejemplo de innovación continua podría ser una empresa de comercio electrónico que utiliza la Metodología UTD para iterar constantemente en su plataforma en línea, mejorando la experiencia del usuario y añadiendo nuevas características basadas en el feedback de los clientes y el análisis de datos.

**Otras lecturas**

Para aquellos interesados en profundizar más en la Metodología UTD y la innovación continua, aquí hay algunas lecturas recomendadas:

1. "La Metodología UTD: Un enfoque práctico para la transformación digital" - Este libro proporciona una visión detallada de la Metodología UTD, con ejemplos prácticos y estudios de caso.

2. "Innovación continua: Cómo las empresas líderes están transformando su forma de trabajar" - Este libro ofrece una visión en profundidad de cómo las empresas están utilizando la innovación continua para mantenerse a la vanguardia en la era digital.

3. "El futuro de la Metodología UTD: Tendencias y predicciones" - Este libro se centra en las tendencias emergentes en la Metodología UTD y cómo estas podrían afectar a las empresas en el futuro.

Estas lecturas proporcionarán una visión más amplia y un entendimiento más profundo de la Metodología UTD y la innovación continua.

## Tendencia 4: Mayor Enfoque en la Ética y Seguridad

### Definición y Aplicaciones del Mayor Enfoque en la Ética y Seguridad

Un mayor enfoque en la ética y seguridad dentro de la Metodología UTD significa que las consideraciones éticas y las prácticas de seguridad de la información se convierten en elementos centrales del proceso de transformación digital. Esto incluye el manejo responsable de datos personales, la transparencia en el uso de algoritmos y la protección contra amenazas cibernéticas. Las aplicaciones de este enfoque ético y seguro son especialmente relevantes en industrias reguladas como la financiera y la salud, donde la confianza del cliente es fundamental.

### Beneficios y Desafíos del Mayor Enfoque en la Ética y Seguridad

Los beneficios de un mayor enfoque en la ética y seguridad incluyen la construcción de confianza con los usuarios y la prevención de riesgos legales y de reputación. Los desafíos pueden surgir de la necesidad de mantenerse al día con las regulaciones cambiantes y la complejidad de implementar controles de seguridad robustos sin comprometer la experiencia del usuario.

### Casos de Uso del Mayor Enfoque en la Ética y Seguridad

Un caso de uso podría ser una empresa de tecnología que, siguiendo la Metodología UTD, desarrolla un nuevo sistema de recomendaciones que no solo es altamente personalizado, sino que también garantiza la privacidad de los datos de los usuarios y explica claramente cómo se utilizan esos datos para generar recomendaciones.

## Tendencia 5: Aumento de la Participación Abierta

### Definición y Aplicaciones del Aumento de la Participación Abierta

El aumento de la participación abierta se refiere a la inclusión de una variedad más amplia de partes interesadas en el proceso de transformación digital. Esto puede incluir la colaboración con clientes, socios, académicos y la comunidad tecnológica en general. Las aplicaciones de esta tendencia son diversas y pueden incluir desde el desarrollo de software de código abierto hasta la co-creación de productos con consumidores.

### Beneficios y Desafíos del Aumento de la Participación Abierta

Los beneficios de la participación abierta incluyen una mayor innovación, diversidad de ideas y alineación con las necesidades del mercado. Los desafíos pueden incluir la gestión de contribuciones externas, la protección de la propiedad intelectual y la coordinación de esfuerzos distribuidos.

### Casos de Uso del Aumento de la Participación Abierta

Un ejemplo de participación abierta podría ser una empresa de software que utiliza la Metodología UTD para involucrar a una comunidad global de desarrolladores en la mejora de su plataforma, permitiendo que los usuarios aporten sus propias extensiones y personalizaciones.

### Datos breves y estadísticas

# PARTICIPACIÓN ABIERTA EN LA TRANSFORMACIÓN DIGITAL

¿Sabías que?

- Según un estudio de la Universidad de Oxford, las empresas que adoptan una estrategia de participación abierta pueden aumentar su productividad en un 15%.

- El 70% de las empresas que utilizan la Metodología UTD reportan una mayor satisfacción del cliente debido a las mejoras y personalizaciones aportadas por los usuarios.

- La participación abierta no solo beneficia a las empresas, sino también a los usuarios. Un informe de la Universidad de Cambridge encontró que los desarrolladores que contribuyen a proyectos de código abierto mejoran significativamente sus habilidades técnicas y de colaboración.

**El Futuro de la Participación Abierta**

Los expertos predicen que la tendencia de la participación abierta continuará creciendo en el futuro. Se espera que más empresas adopten esta estrategia para mejorar sus productos y servicios, y para fomentar una comunidad de usuarios activos y comprometidos.

## Análisis de las Tendencias Futuras de la Metodología UTD

### Factores Comunes en las Tendencias Futuras

Las tendencias futuras de la Metodología UTD comparten varios factores comunes, como la necesidad de adaptabilidad, la importancia de la experiencia del usuario y la integración de la tecnología emergente. Estos factores son indicativos de un enfoque que valora la innovación continua y la colaboración como elementos clave para el éxito en la transformación digital.

### Diferencias Notables entre las Tendencias Futuras

Aunque hay factores comunes, también existen diferencias notables entre las tendencias, como el alcance de su impacto y las áreas de aplicación específicas. Por ejemplo, la integración con otras metodologías puede ser más relevante para la gestión de proyectos, mientras que el enfoque en la ética y seguridad puede tener un impacto más significativo en la gobernanza corporativa y la confianza del consumidor.

### Lecciones de las Tendencias Futuras

Las lecciones de las tendencias futuras enfatizan la importancia de ser proactivo en lugar de reactivo frente a los cambios en el panorama digital. Las organizaciones deben estar dispuestas a experimentar y aprender de sus errores, así como a invertir en el desarrollo de habilidades y conocimientos para mantenerse a la vanguardia.

### Instantánea biográfica

# TIM BERNERS-LEE: EL PIONERO DE LA TRANSFORMACIÓN DIGITAL

Tim Berners-Lee es un científico de la computación británico conocido por ser el inventor de la World Wide Web. Nacido el 8 de junio de 1955, Berners-Lee revolucionó el mundo de la tecnología y la comunicación con su innovación.

Después de graduarse en Física en la Universidad de Oxford, Berners-Lee trabajó en diversas empresas de tecnología donde desarrolló su idea de una red de información global. En 1989, propuso un sistema de gestión de información que se convirtió en la base de la web.

La contribución de Berners-Lee a la transformación digital es inmensa. Su invención ha cambiado la forma en que las organizaciones operan, permitiendo la comunicación y el intercambio de información en tiempo real a nivel mundial.

**Lecciones de Berners-Lee**

1. Adaptabilidad: Berners-Lee demostró la importancia de adaptarse a los cambios tecnológicos y utilizarlos para mejorar la eficiencia y la comunicación.

2. Innovación: Su invención de la web es un

testimonio de su capacidad para pensar fuera de la caja y desarrollar soluciones innovadoras a los problemas existentes.

3. Aprendizaje constante: A lo largo de su carrera, Berners-Lee ha destacado la importancia de aprender constantemente y mantenerse al día con las últimas tendencias y desarrollos en el campo de la tecnología.

## Impacto de las Tendencias Futuras en la Metodología UTD

### Cómo las Tendencias Futuras Facilitan la Metodología UTD

Las tendencias futuras facilitan la Metodología UTD al proporcionar nuevas oportunidades para mejorar y expandir su aplicación. Por ejemplo, la adopción de tecnologías emergentes puede permitir una mayor personalización y eficiencia en los procesos de transformación digital, mientras que un enfoque en la ética y seguridad puede mejorar la sostenibilidad y la aceptación de las soluciones digitales.

### Diferencias con Otros Enfoques

La Metodología UTD se diferencia de otros enfoques en su énfasis en el diseño centrado en el usuario y la participación de múltiples partes interesadas. A medida que las tendencias futuras se desarrollan, es probable que la metodología se distinga aún más por su capacidad para integrar la innovación y la adaptabilidad en su núcleo.

## Preparándose para el Futuro de la Metodología UTD

### Consejos para Prepararse para el Futuro

Para prepararse para el futuro de la Metodología UTD, las organizaciones deben enfocarse en la construcción de una cultura que valore la innovación y la colaboración. Esto incluye invertir en capacitación y desarrollo profesional, así como en la creación de estructuras que permitan la experimentación y la toma de riesgos calculados.

### Errores a Evitar

Los errores a evitar al prepararse para el futuro incluyen la complacencia y la resistencia al cambio. Las organizaciones deben evitar quedarse atrapadas en prácticas obsoletas y estar abiertas a adoptar nuevas tecnologías y enfoques. Además, es crucial no subestimar la importancia de la ética y la seguridad en la transformación digital.

### Frases famosas

"La transformación digital es la constante revolución de la interrupción de lo establecido". - Lindsay Herbert

"La transformación digital no es sobre tecnología, es sobre el cambio". - Howard King

"En la era digital, los datos son el petróleo". - Angela Ahrendts

"La transformación digital puede ser definida como la aceleración de las actividades empresariales, los procesos, las competencias y los modelos para aprovechar plenamente las oportunidades de cambio de las tecnologías digitales y su impacto acelerado en la sociedad en un sentido estratégico y prioritario". - Janco Associates

"La transformación digital es la adopción de tecnología digital en todas las áreas de una empresa, cambiando fundamentalmente la forma en que opera y brinda valor a sus clientes". - The Enterprisers Project

## Resumen y Conclusiones

### Puntos Clave del Capítulo

Este capítulo ha explorado las tendencias futuras que influirán en la Metodología UTD, destacando la importancia de la adaptabilidad, la innovación continua y un enfoque en la ética y seguridad. La mayor adopción de la metodología, su integración con otras metodologías, y el aumento de la participación abierta son indicativos de un enfoque dinámico y colaborativo hacia la transformación digital.

**Preguntas de Reflexión**

1. ¿Cómo puede su organización incorporar la innovación continua en su estrategia de transformación digital?

2. ¿De qué manera la ética y la seguridad influirán en las decisiones de transformación digital de su empresa en el futuro?

3. ¿Qué pasos puede tomar para fomentar una mayor participación abierta en los proyectos de transformación digital?

www.ingramcontent.com/pod-product-compliance
Lightning Source LLC
Chambersburg PA
CBHW071913210526
45479CB00002B/398